4 Wochen auf 10 qm

Mit TI SENTO durch die Provinz

von Andreas Haar

VORWORT

Moin moin. Mein Name ist Andreas Haar, aber das steht ja auch schon vorne drauf. 1966 hab ich mein Asyl bei Muddi verloren und wurde so einfach ohne zu fragen an die frische Luft gesetzt, um von da an als neuer Erdenbürger rum zu geistern. Bin immer artig zur Schule gegangen, habe nur durchschnittlichen Quatsch gemacht, um dann wieder rausgeschmissen zu werden. Diesmal mit dem Abschlusszeugnis der mittleren Reife. Anschließend stand die Polizei bereit, um mich mit weit ausgebreiteten Armen zu empfangen. Nun war also mein neues Zuhause hier. Zwar nicht auf einem Bremer Wache, dafür aber in der Kfz-Werkstatt. Ich lernte Mechaniker!

Nach einigen Umwegen und mit nun 42 Jahren, kann ich mit Fug und Recht sagen das ich der Werkstatt entwachsen bin, nicht aber den öligen Händen mit Fischgeruch. Seit fast zwanzig Jahren fahren Fisch und andere Lebensmittel bei mir mit und schauen sich die Landschaft an. Ich bin Auslieferungsfahrer geworden. Normalerweise glaube ich nicht an solche Weisheiten wie diese, dass wir Norddeutschen auf eine gewisse Art dem Meer besonders verbunden sind. Allerdings scheint es für mich doch zu gelten. Erkennbar schon daran das ich lieber im Urlaub ans Meer als in die Alpen fahre.

Warum ich das alles erzähle, obwohl es wahrscheinlich nicht sonderlich interessiert??

Nun, so genau kann ich das gar nicht sagen. Vielleicht möchte ich Sie, lieber Leser, schon mal vorab davon überzeugen, dass ich doch halbwegs normal bin. Sicherlich, die Reise von der ich Ihnen berichten möchte, ist nichts Verrücktes, jedoch ist der Gedanke, dass Sie das eine oder vielleicht auch das andere Mal den Kopf schütteln werden, mehr als nur wahrscheinlich.

Wenn Sie davon ausgehen, in diesem Buch alles Mögliche an Koordinaten, Hafenbeschreibungen genaueste Segelbeschreibung bis zum letzen Reff und so weiter erfahren zu können, dann muss ich ihnen sagen „vielen Dank für den Kauf dieses Buches, aber da sind Sie hier leider falsch". Wenn Sie so etwas erwarten, stellen Sie es lieber wieder ins Regal zurück. Ich möchte und kann mich nicht einreihen in die lange Liste von erfahrenen und bekannten Persönlichkeiten die ihre Erlebnisse zu Papier gebracht haben wie Erdmann, Fuchs, Gebhard, Schenk und wie sie da alle heißen. Sicherlich, auch ich habe die großen Geschichten der Weltumsegler verschlungen und gewünscht, es ihnen eines Tages gleich zu tun, aber ob sich das jemals irgendwie realisieren lässt, daran zweifelte ich schon immer. Um aber den ersten Schritt dahin zu tun und weil mich das Bild von Segelschiffen mit ihren aufgeblähten Fock und Groß`s in Sehnsüchten von fernen Ländern und Abenteuern versetzte, fing ich etwa ab dem Jahre 2000 verstärkt damit an, mich für den Wassersport zu interessieren. Das erste Dutzend Bücher war als bald gelesen, sowie die ersten theoretischen Wassersportkenntnisse verinnerlicht.

So wurde dann zum ersten Mal und noch ohne irgendeinen Schein zu besitzen in den Niederlanden ein Hausboot für eine Kurzwoche gechartert. Dabei ist dann der Funke für das Bootfahren und für die Wasserwelt bei unseren westlichen Nachbarn geweckt. Danach charterten wir, meistens mit Freunden oder Verwandten, jedes Jahr wieder. Allmählich kam nun auch das Interesse auf, wie es wohl wäre, so ganz ohne Motor nur unter dem Weiß der Segel fast lautlos dahin zu ziehen. Im Frühjahr 2008 belegte ich zusammen mit einer Freundin einen Segelkurs, sowie die Ausbildung zum SBF Binnen. Erfolgreich abgeschlossen, kam sodann der SBF See gleich hinterher. Im Winter 2008 steckte dann auch dieser in meiner Tasche. Nun bin ich kein Mensch, der sich freiwillig einer Gruppe anschließt um, wie mein Umfeld es mir geraten hat, die seglerischen Fähigkeiten zu vertiefen und zu erweitern. Ich halte es, wenn es um solche oder ähnliche Sachen geht, lieber nach der Devise „selbst ist der Mann" oder „learning by doing". Selbst Fehler machen, selbst daraus lernen, selbst für alles verantwortlich sein. Also ein ganz klein wenig wie Erdmann auf seiner ersten Reise. Dazu gehört auch ein eigenes Schiff zu kaufen. Die Frage, die sich zuerst stellt, ist natürlich was möchte ich zu welchem Zweck haben und was kann ich mir leisten.

In Anbetracht dessen, das ich auch immer den Gedanken im Hinterkopf hatte 1. es könnte sich doch alles als ein Reinfall heraus stellen und 2. gewisse andere Vorgaben, wie trailerbar, günstig, extrem gutmütig usw., erschien die Auswahl an erschwinglichen Booten am Markt dann schon sehr übersichtlich zu sein. Letztendlich favorisierte ich eine Leisure 17. Sie war zu erschwinglichen Preisen auf dem Gebrauchtboot Sektor zu bekommen, sie ist mit deutlich unter 1000 kg gut trailerbar, als Kimmkieler standsicher (gut für Gezeiten und Watt), hat relativ viel Platz unter Deck, ist selbstlenzend, nicht übertakelt. Allerdings hat natürlich jede Sache auch eine andere Seite. Auf der Negativen wäre zu verbuchen: Geschwindigkeitspotenzial irgendwo in der Nähe des Buckingham Palastes, das Schneckenreff des Großbaumes ist nicht der Weisheit letzter Schluss (man kurbelt bis der Arzt kommt …. und verlieren kann man die Kurbel dabei auch leicht), keine technische Hilfsmittel (habe ich dann zwischendurch auch schnell gemerkt, das man das Groß schon ab Windstärke 3 nur mit Muskelkraft irgendwie nicht mehr ganz hoch kriegt …. aber dazu später mehr). In meiner Gedankenwelt geisterte zusätzlich noch die Vorstellung herum, dass die

Briten die Leisure sozusagen für die eigene Haustür entwickelt hatten. Und da jedem bekannt ist, dass die Nordsee auch gerne als Mordsee bezeichnet wird, unterstellte ich der Kleinen ein hohes Sicherheitspotenzial. Sicherheit ist mir wichtig. Ich laufe zwar nicht den ganzen Tag mit einer schusssicheren Weste durch die Gegend, aber sofort als Fischfutter zu enden bei einem Fehler, war nun definitiv nicht meine Intension. Das erste Mal ein Boot zu kaufen, ist wie das erste Mal ein Auto zu kaufen. Denkt man das Richtige gefunden zu haben, will man es haben .. haben .. haben!

Eigentlich sollte man mir unterstellen können, durch mein Alter über eine gewisse Übersicht und Gelassenheit zu verfügen! Habe ich auch, aber nicht genug um, wenn es mich gepackt hat, die Coolness zu bewahren …...! So fand meiner Einer dann nach ein paar Wochen das Objekt der Begierde in der Nähe des Möhnesees. Prinzipiell für 3.000,00 € ein ganz gutes Angebot, wie ich fand. Incl. Trailer mit TÜV, 6 PS Chrysler AB, Benzintank, Seereling, Fockroller, 6 Segel, Lagoontisch für das Cockpit, 4 Fender, 2 Anker, Ruckdämpfer, Treatmaster, Decksbelag, 2 Flammen Petroleumkocher (wahrscheinlich aus dem Englischen Museum geklaut . . . .) und noch so ein paar Kleinigkeiten. Die Rückfahrt gestaltete sich unproblematisch, obwohl die rechte Bremse des Trailers zwischenzeitlich dann und wann keine große Lust verspürte, sich wieder zu lösen…!

Schnelldiagnose auf dem Rastplatz: Rostgammel in Folge von zu wenig Pflege. Aber mit Wärme, Hammer und nicht zu leichten Schlägen auf den Hinterkopf ließ sich auch dieses Problem in den Griff bekommen. Da war es dann wieder von Vorteil KFZ-Mech. gelernt zu haben! Das Alles geschah im Februar/März des Jahres, also noch genügend Zeit um meiner Kleinen eine umfassende Frischzellenkur zu kommen zu lassen.

Es gab so einiges zu tun. Die beiden Kiele mussten von Rost beseitigt werden, neues Antifouling, Rumpf polieren.

Dann der erste Höhepunkt. Der Name. Ja, ja, der Name, das ist schon ein Fall für sich. Wenn man so in irgendeinem Yachthafen unserer Breiten steht, fragt man sich schon, was den Besitzer wohl dazu bewogen hat, sein Schiff so zu nennen. Ich meine das gar nicht herablassend oder irgendwie komisch. Ich will damit nur sagen, dass viele Namen gewisse vermeintliche Rückschlüsse zulassen. Es gibt viele Namen, die man schon oft gelesen hat, sind irgendwie langweilig und haben für Außenstehende keinen richtigen Sinn. Aber es gibt ja auch die Anderen, die man selten hört oder womöglich noch nie. Über solche macht man sich Gedanken, fragt sich woher sie kommen, fantasiert, lässt sich zum Träumen verleiten. Das wollte ich – unbekannt – träumerisch - wohlklingend. Meine Wahl fiel auf „TI SENTO". Als Kind der 80' er, ist diese Dekade auch musikalisch die Meinige. 1986 landete die Gruppe MATIA BAZAR mit ihrem Lied „TI SENTO" auf Platz 11 der Hitparade. Mitverantwortlich für diesen Erfolg der Italiener, ist in meinen Augen die extrem Gefühl- und Erotik ausstrahlende Stimme ihrer damaligen Frontfrau Antonella Ruggiero.

Der Name „TI SENTO", frei übersetzt so viel wie „ich spüre dich, ich erlebe dich" drückt genau das aus, was ich wollte. Nahe dran am Geschehen sein, Wind, Wasser, Natur und Menschen erleben, es in mich aufsaugen und daraus Zufriedenheit schöpfen. Das wollte ich, so sollte es sein. Aber wie schon gesagt, bis dahin war noch Einiges zu tun. Sämtlich Leinen und laufendes Gut musste ersetzt werden, da es schien, als wenn sie noch von der Werksauslieferung seien.

Alle Polster bekamen einen neuen Stoff verpasst, alle Fenster wurden ausgebaut, Dichtungen gereinigt um herauszufinden, wo die Leckstellen herkamen. Das Ende waren dann Undichtigkeiten an allen Fenstern. Nach über 30 Jahren sind die Gummis halt geschrumpft, Neue gibt es meines Wissens nicht. Bleibt nur Improvisationstalent, um klar zu kommen und das geplante Budget nicht überzustrapazieren. Mastkoker mit Durchgangsschrauben vernünftig befestigen, Achterstag erneuern und, und, und. Alles hat mal ein Ende und so schwamm dann nach etlichen Stunden mein kleines low budget Boot endlich in den Fluten der Weser.

Bevor ich es vergesse. Es gibt noch einen wesentlichen Punkt in meinen Überlegungen zum Kauf den ich bisher noch nicht erwähnt habe, es aber tun möchte. Eine Saison ist im Prinzip nicht sehr lang. April bis Oktober ist ein sehr überschaubarer Zeitraum. Wenn ich dann noch berücksichtige, an wie vielen Tagen ich wirklich fahren kann, weil es die Zeit oder andere Sachen erlauben, dann wird es fast peinlich. Aus diesem Grund überlegte ich mir, ob es nicht besser wäre, die zeitlichen Möglichkeiten der Leisure besser auszuschöpfen, indem ich einen Mitbesitzer suche, der dann auch auf das Boot zurückgreifen könnte. Ich habe diesen Menschen in der Person meines Kumpels Rainer gefunden, der das Angebot 50 % Eigner zu werden, annahm. Ich möchte ihm an dieser Stelle noch mal ausdrücklich dafür danken, da sich damit unter anderem erweiterte Spielräume für die Finanzierung eröffneten.

Den Sommer über, so war es zu mindestens geplant, wollte ich nun Erfahrungen mit diesem neuen Gefährten auf der Weser sammeln. Dies misslang jedoch ein wenig. Auf der einen Seite ergaben sich für längere Probeschläge keine größeren Zeitfenster und zum anderen, und das hatte ich nun gar nicht erwartet, ist die Weser in meiner Nähe dann doch zu ungeeignet zum Segeln. Die Ufer sind teilweise zu hoch, es gibt zu viele Bäume und die Strömung ist zu schnell.

Man kann wunderbar im Hafen starten, bei einer schönen mal auch etwas kräftigeren Brise und nach kurzer Zeit kommt dann aber die Windabdeckung des Ufers und der Bäume. Es ist wie beim Schachspiel mit dem Pferd Eins vor und Zwei zurück. Zum Kreuzen ist der Fluss recht schmal und die Leisure ist auch nicht gerade „das Wendewunder". So ging also der Sommer dahin und die Zeit des Urlaubs rückte näher. Die Frage war nun, wie würden wir beide uns mit der eingeschränkten Erfahrung bewehren??? Und damit soll nun diese vermutlich recht lange Einführung beendet werden, um in den eigentlichen Teil meiner Geschichte vor zu dringen. Sodann nochmals herzlich Willkommen auf meinen „ 10 qm für 4 Wochen „

Sonntag 16.08

Theoretisch könnte es los gehen. Der Mast ist gelegt und die restlichen Klamotten sind im Seesack gestaut. Jetzt aber los, Denkste. Erst mal von Allen am Steg verabschieden und die Freundin will auch noch mal besonders geherzt werden. 14 Uhr, der Motor läuft, Leinen los. Frauchen wird winkend kleiner. „Ti Sento" biegt in die Weser ein, neuer Kurs „ERLEBNIS" liegt an.

Bis auf ein paar Sportskameraden, die Vollgas an mir vorbei rauschen, ist nicht viel los.

Die Eisenbahnbrücke von Dreye kommt in Sicht. Heute hat sie für mich keinen Schrecken parat, aber nur allzugut ist mir noch der Sonntag am Anfang der Saison in Erinnerung, an dem ich mir dort die Windex krumm gefahren habe. Das war das erste und somit auch das letzte Mal, an dem ein Pegelmesser für mich das Nonplusultra gewesen ist.

Es wird industrieller. Bremen - Hemelingen taucht vor dem Bug auf. Die erste Schleuse für uns beide. Prompt vermassle ich es. Da sind sie wieder, diese typischen Anfängerfehler aus denen man dann wenigstens lernt. Den Mast hatte ich extra nicht mittig nieder gelegt, sondern auf die rechte, die Steuerbordseite, damit Freiraum zum Bewegen bleibt. Mit dem Ergebnis: . . . Warten an Spundwänden bringt wieder eine krumme Windex . . . sie steht am Heck zu weit nach außen über! Dankenswerterweise kann ich mit einer hilfreichen Motorbootcrew abschleusen, an deren Steuerbordseite „Ti Sento" fest gemacht wird.

Irgendwie scheint der da oben oder da unten zu versuchen, mich umzustimmen. Die Tore gehen auf, der Motor aber nicht an. „Ti Sento" blockiert das ganze Becken. Da fragt man sich wirklich, ob das sein muss und was nun noch alles kommt . . . ! Motor läuft wieder, nichts wie weg.

Bremen - meine Heimatstadt. Wie oft in Leben bin ich schon die Straße an der Weser entlang gefahren und schaute dabei auf den Fluss. Und nun? Wie anders sieht alles aus, mit Blick vom Wasser aufs Land. Das Weserstadion, Heimat des SV Werder Bremen. Die Bürgerhäuser auf dem Osterdeich. Das Zentrum mit „Tiefer", Dom und der Gastromeile „Schlachte". Die Strömung zieht uns an der Altstadt vorbei. Bremen ist halt nicht sehr groß. Obgleich wir das kleinste Bundesland in unserer Republik sind, so sind wir doch stolze Hanseaten. Stolz darauf frei und eigenständig zu sein, Stolz auf das was wir in den Jahrhunderten alles geschafft haben. Wenn man auf der Kaisen Brücke steht, dann sieht man erst richtig, wie klein dieser Strom wirklich ist und doch haben wir es in erster Linie seinem Anschluss an die Nordsee und damit an die Weltmeere zu verdanken, das aus uns so etwas Bedeutendes werden konnte. Heutzutage geht es uns nicht mehr so prächtig wie einst. Wir sind das Armenhaus der Nation, auch wenn es keiner gerne hört. Die hohe Verschuldung des Landes, die Arbeitslosigkeit, Werftenkrise und so vieles mehr, hat dieser alten Stadt sehr zu schaffen gemacht. Aber trotz allem, wir wollen „WIR" bleiben, denn irgendwann wird es auch wieder besser . . .

Seitdem die Stephani Brücke im Schraubenwasser zurück liegt, geht es auf Seewasserstrassen Richtung Meer. Das heutige Ziel ist der Sportboothafen von Hasenbüren („Häschenhausen" wie Rina – die geherzte Freundin -spaßeshalber sagt). Gleich links, die Stege für die Gäste. Es ist viel Platz, scheine der einzige Touri zu sein. Das wundert ein bisschen, so mitten im August! Ich kann mich freuen, der Hafenmeister lässt uns für eine Nacht umsonst liegen. Steganlage und Waschhaus sind mit Türcodes gesichert. Duschen sind zu nutzen, ohne das irgendwelche Münzen in irgendwelche Automaten zu bugsieren sind. Das ist vorbildlich, finde ich, denn einem/r nackten Mann/Frau kann schwerlich etwas in den Taschen stecken. Das ist zwar nur ein Sinnspruch, doch trifft es die Sache recht genau. Zumal die 50 Cent kein allzu großes Loch in die Betreiberstromkasse reißen. Frischgeduscht und sauber, Zeit also den Hunger zu stillen. Das Restaurant des Hafens hat eine erhöht liegende Terrasse und so ist schnell einer der Tische darauf durch mich belegt. Bei Sülzfleisch mit Bratkartoffeln, einem Alster und dem Blick über Boote und Weser klingt dieser erste Tag aus.

Fazit des Tages: Nicht viel Strecke geschafft. Dafür Mast gestellt und schönes Wetter auf der Terrasse genossen. Bin zufrieden.

Bremen – Weserpromenade mit der „Schlachte"

Montag 17.8.

Eine sehr unruhige Nacht. Wie oft ich wach geworden bin, weiß ich gar nicht mehr. Dreimal wurde mein Schlaf von einer Geräuschkulisse unterbrochen, die nicht zu ergründen war. Es hat sich angehört, als ob eine Straßenkehrmaschine direkt am Boot vorbei fuhr. Zweimal aus den Schlafsack geschält und raus an Deck. Jedes Mal hatte sich dann das Geräusch buchstäblich in Luft aufgelöst und eine plausible Erklärung ließ sich einfach nicht finden. Bleiben nur Vermutungen. Gegenüber von Hasenbüren liegen die Stahlwerke von Arcelor Mittal. Einigen sicher schon kein ganz unbekannter Name mehr, denn so einige Schmutzwolken, die sich in der Umgebung niederschlugen, haben schon für einigen Unmut gesorgt, besonders bei den betroffenen Bootseignern in „Häschenhausen".

 Es verspricht ein schöner Tag zu werden, der mit einem ausgiebigen Frühstück an Deck beginnt. Nun aber los, Kurs Richtung Bremerhaven mit der Tide der Nordsee entgegen. Eigentlich schönes Segelwetter, aber Wind aus nördlicher Richtung, der Blick hoch zur Windex bestätigt es mir, ziemlich genau von vorn. Also Motor an oder kreuzen? Die Entscheidung fällt nach kurzer Überlegung zu Gunsten des Motors aus. Wir haben zwar einen angenehmen Schub durch das ablaufende Wasser, jedoch bezweifle ich unter Segeln so die weite Strecke bis an die Nordsee zu schaffen. Also den Honda angeworfen und losgetuckert.

Sonor zieht er uns den Fluss dahin. Weser abwärts scheint „Ti Sento" das einzige Segelboot zu sein. Alle anderen kommen mir weit ausgebaumt entgegen. Bei Vegesack wird es ein wenig eng. 2 Fähren kreuzen und gleichzeitig kommt mir die „Weserstahl" entgegen. Das unter Cypriotischer Flagge fahrende Frachtschiff ist 192 m lang und 32 m breit. Ich hingegen sitze hier unten 1 m über der Wasserlinie und muss zusehen, wie sich dieser „Buckingham Palast" auf uns zu bewegt. Es scheint so, das es die halbe Weserbreite einnimmt. Ist übertrieben, aber ich habe doch eine gehörige Portion Respekt. Also schön außen fahren, Platz lassen, hinter dem Heck einschwenken, um die Wellen besser auskontern zu können.

Es wird ruhiger, dafür fließt die Weser nun ein wenig schneller. Das GPS zeigt gute 7 kn an, die Tide hat nun wohl voll eingesetzt. Bäume und Wiesen bestimmen von jetzt ab das Bild links und rechts. Brake und Elsfleth ziehen vorbei. Alsbald kommt Nordenham in Sicht, in der Ferne sind die ersten Vorboten von Bremerhaven zu erhaschen. Columbus Center und Atlantis-Hotel stehen mit ihren unverwechselbaren Silhouetten als Zeichen dafür, dass die Reise für heute ihrem Ende entgegen geht. Das Ziel, die Lloyd Marina, liegt im neuen Hafen gleich hinter`m Deich.

Kurz beim Schleusenwärter angemeldet „. . . ja, dann komm se man rein . . ." Perfekt, die Kammer ist offen für uns beiden Abenteurer. Außen umzu, die „Sehleute". Jetzt sollte alles wie am Schnürchen laufen, nicht wieder sowas wie in Hemelingen! Ran fahren, raus springen, belegen, alles i.O., SUPER.

Ich schaue mich um, schaue in die Gesichter der Menschen oben am Schleusenrand. Keine Regung. Eigentlich ist so ein Manöver ja nicht schwer, aber manchmal . . . ! Andererseits aus Fehlern lernt man, denke ich mir. Und ich lerne jeden Tag aufs Neue, etwas Neues hinzu. Fehler machen, ist Menschlich, das ist nun mal so. Niemand war von Anfang an perfekt. Wer das von sich behauptet, dem stehe ich schon mal etwas skeptisch gegenüber. Solange nichts und niemand zu Schaden dabei kommt, ist doch alles halb so schlimm. Also, Herr Haar, machen Sie Ihr Ding, wird schon passen und nicht so viel auf die „Anderen" achten!

Die Marina ist sehr schön geraten. Nahe der City, komfortables Sanihaus, freundliches Personal, Brötchenservice, Steg und Waschhaus mit Codeschloss gesichert. Für mich als „Kleinen" ist das nicht so unwichtig. Wenn man nur das allernotwendigste an Bord hat, dann ist sowas schon sehr erfreulich und somit auch erwähnenswert.

„Ti Sento" hätte mal eben kurz ein wenig wachsen können. Boote bis 8 m zahlen alle das gleiche, 10 € die Nacht. Knapp 3 m verschenkt. Ist auch egal, mir reicht`s für heute. Am Abend frischt der Wind aus NW auf. Hintern Deich hat' s noch Stärke 5, in Böen gut drüber. Zur Sicherheit noch eine Leine mehr belegen! Wird wohl wieder eine unruhige Nacht werden, die Fallen klappern schon kräftig am Mast. Na dann gute Nacht.

Fazit des Tages: Boot und Motor haben die erste größere Etappe sehr gut gemeistert. Bin voll zufrieden. So kann's weiter gehen.

Dienstag 18.8

Die Nacht war unruhig, wie befürchtet. Wieder ein paar Mal aufgewacht. Immer gelauscht nach irgendeiner Geräuschquelle, die einem Sorgen bereiten könnte. Aber dann auch immer wieder eingeschlafen. Es ist 8 Uhr und der Wecker klingelt mich aus dem Schlaf. So richtig Lust aus dem warmen Schlafsack zu krabbeln, hab ich ja nicht, aber wer holt denn dann für mich die Brötchen? Außerdem muss ich auf den kleinen Thron! Heute ist Hafentag, sprich, ich werde mir gleich das Deutsche Auswandererhaus anschauen. Mehr als 7 Millionen Menschen haben über die Jahrhunderte gesagt das Deutschland Mist ist und sie so nicht mehr weiter leben wollen, weiter leben können. Hunger, Armut, gesellschaftliche Ristrektionen, das politische System. Das alles sind ein Teil der Gründe, weshalb die Menschen sich woanders eine bessere Zukunft erhofften. Ich habe sofort das Gefühl in einem sehr gut gemachten Museum zu sein. Man kann sich hervorragend in die Leute und ihre Beweggründe hinein versetzen. Wieso und warum sie das machten, die Mühen und Strapazen auf sich zu nehmen für etwas Ungewisses in der Fremde. Alles sehr schön und leicht verständlich dargestellt. Es ist möglich, in die Person eines Auswanderers zu schlüpfen, um seinen Werdegang nach zu vollziehen. 10,50 € für den Eintritt ist O.K., 1,50 € für die Fotoerlaubnis überflüssig. Wer hierher kommt, den interessiert das Thema Auswandern sehr. Viele auch deshalb, weil es ein Teil auch ihrer Geschichte ist, weil irgendein Vorfahre eben diesen Schritt vollzogen hat in den 1800er Jahren. Die Möglichkeit am Ende des Rundganges in den PC´s nach Zeugnissen jener Personen zu suchen, wird verständlicherweise gerne angenommen. Auch ich habe nach Vorfahren gesucht die es auf die andere Seite des Ozeans geschafft haben könnten. Bekannt war es mir nicht, ob es da jemanden gab. Muttern sagt dass sie über „was weiß ich wie viel Ecken" jemanden in der Nähe von Boston hat. Haar, so denke ich, gibt's sicher nicht so viele, ist ja auch kein Allerweltsname. Ich hatte früher schon mal Ahnenforschung betrieben und war dabei bis ca. 1650 gekommen. Herausgekommen ist das unserer Vorfahren im Teufelsmoor bei Worpswede vor den Toren von Bremen als kleine Leute lebten. Davor war nichts zu finden. Namensforscher sagten mir, dass wir nichts mit irgendwelchen Künstlern der Kopftracht zu tun hätten. Haar oder van Ha(a)ren würde wohl vielmehr einen Platz an einem Gewässer bezeichnen. Könnte stimmen. Im 16/17 Jahrhundert sollen die Wasserspezies aus Holland ins Teufelsmoor gekommen sein, um zu helfen derer trocken zu legen und bewohnbar zu machen. Stichwort Ackerbau und Viehzucht! Kurz und gut Ich könnte demnach fast ein Niederländer sein! Auch nicht schlecht, ein Hoch auf Königin Beatrix!

Um auf das Auswanderhaus zurück zu kommen. Es gelang nicht jemanden aus unserer direkten Linie auf den Passagierliste oder den Listen der Einwanderungsbehörde von Ellis Island zu finden. Was aber auch daran gelegen haben mag das viele Eintragungen unvollständig sind. Ohne Angabe von Geburts- und Wohnort, könnten die betreffenden Haars von überall her gekommen sein.

Resümee: besonders besuchenswert . . .

Danach blieb noch Zeit um bei diesem herrlichen Wetter auf das Dach des Atlantic Hotels zu fahren, wo in über 70 m Höhe ein fantastischer Blick in die Runde, die Auffahrt belohnt.

Abendbrots Zeit. 18 Uhr, es gibt Dosenfutter. Der Wind hat stark nach gelassen, morgen soll es laut den Wetterfröschen aus dem Osten blasen und das nicht all zu stark. Könnte also endlich ein schöner Segeltag werden. Na dann, bis morgen.

Fazit: Schönes Wetter, Ausflüge die sich gelohnt haben. Rundum gut!

Mittwoch 19.8

Der Tag fängt ja gut an. Gestern habe ich mein Shampoo in der Dusche liegen gelassen. Heute ist es natürlich weg. Wenn das man kein Omen ist!

Wieder auf der Weser, Ziel Harlesiel. Fock raus, Groß halb hoch und ausbaumen. Versuchen wir mal Schmetterling wie es in der Segelschule theoretisch erklärt wurde. Wind fast direkt von hinten, also ein ganz klein wenig Raumschot würde ich sagen. Er pendelt ein wenig und hat wohl so zwischen 2 - 3 Bft. Theorie und Praxis, würde ich sagen, deckt sich gerade nicht so richtig. Groß steht, aber die Fock will nicht auf Steuerbord bleiben, da kann ich versuchen was ich will. Ein Blick auf die Windfahne zeigt, dass der Wind wohl doch zu sehr pendelt. Macht zur Zeit gerade nicht viel Spaß, denn dazu das „Ti Sento" kaum Fahrt über Grund macht, kommt der Berufsverkehr und diese Mist Wellen, die von hinten auflaufen und uns schwanken lassen, wie nach dem einen oder anderen Bierchen zu viel.

53 Grad 35`N  8 Grad 31,5`E Endlich Kursänderung nach BB Kurs 280 Grad. Jetzt ist's besser. Fock steht und zieht. Nun noch den Rest vom Groß hoch. Die will aber nicht, es klemmt irgendwo! Das nervt! „Ti Sento" will dauernd aus dem Ruder laufen und unsereiner worackt an diesem Mast rum, um das Groß hoch zu kriegen, wobei der Baum dann auch noch so schön ins Schwingen kommt. Kein Erfolg! Warum die Rutscher nicht wollen ..... ich weiß es nicht! Dann muss es halt so gehen. Ne Menge Zeit ging bei den Versuchen verloren, versuche durch „schnippeln" ein wenig Weg gut zu machen. Wir laufen auch so fast Rumpfgeschwindigkeit, gute 4 kn. An dieser Stelle werden sich viele tot lachen (. . . dann kann der Nächste das Buch weiterlesen . . .)

Aber „Ti Sento"'s maximale Rumpfgeschwindigkeit liegt bei 5,2 kn, ist halt ein kleines Boot!

14 Uhr Quer ab Fedderwardersiel. Da war`s ... zweimal BOOM BOOM. Aufgesetzt!!! Schnippeln ist jetzt nicht mehr, sofort nach SB in den Fedderwarder Priel. Geschafft. Also über den Prickenweg in die Kaiserbalje. Hat der Weg noch genügend Wasser? Ist das Risiko zu groß, dort zu fahren? Eingangs kommt mir ein Einheimischer entgegen. Auf meine Frage nach der Befahrbarkeit, versichert er, dass es mit meinem Tiefgang von 80 - 90 cm gehen werde. Dann also los. Segel runter. Ich werd' wahnsinnig, bin sowieso schon angespannt und nun will die Fock nicht ganz weg. Jetzt klemmt der Aufroller. Was ist denn jetzt los? Der kleine Rest muss stehen bleiben.

Motor anschmeißen, ¾ Gas und ab geht's in Kurven durchs Watt, immer schön den Stangen nach. Nach der Hälfte des Weges wird es rauer. Die Jade schickt mir bei ablaufenden Wasser und Wind von Land größere Wellen entgegen. Zusammen mit Motorspeed ergibt das ... salznassen Andy. Kurz nach 15 Uhr sind wir durch. Kursänderung hin zur Hooksiel - Schleuse. 16 Uhr ist Schleusung. Könnte knapp werden trotz Vollgas. Handy raus gekramt und den Schleusenwärter angerufen mit Bitte auf mich zu warten. 16 Uhr geschafft, ich bin drin.

Hier wird anscheinend alles zentral geregelt. Man muss nach oben in den Wärterturm (schöne Aussicht zu allen Seiten . . . !) um als Gastlieger 13,00 € berappen zu dürfen. Dafür bekommt unsereiner 2 Schleusungen und 1 Übernachtung in der Marina. Blieben noch die 25 € Pfand zu erwähnen, sonst bleibt Steg und Waschhaus zu. „Ich hab' aber nur noch Steg 7 frei". Mir doch egal, Hauptsache ich habe einen Platz. Von wegen, es hätte mir gleich dämmern sollen, das da was nicht ganz stimmt. An Steg 7 liegt man in einer Box an Heckpollern ohne Seitensteg.

Das Problem ist nur, die Boxen sind für Boote ab 10 m und aufwärts gedacht! Ein Witzbold, wie soll ich denn so hinten fest machen und noch an Land

kommen? Nachdem meine drei längsten Festmacher miteinander verbunden sind, geht es so gerade. Ausstieg ist nur über Bugkorb möglich und selbst dann wird der Kletter-Trenker in mir wach. Zu überwindender Höhenunterschied zwischen schwankenden Vordeck und sicherem Steg . . . einen guten Meter. Soweit so schlecht. Dann ist Latschen angesagt bei brütender Sonne in den nächsten Supermarkt zum Einkaufen. Sie wissen schon, Seife und Shampoo und so. Zum Abschluss des Tages dann wenigstens noch schwimmen gewesen.

Fazit des Tages: Ein wenig Stress + viel Sonnenbräune gekriegt.

Innenansichten Teil 1

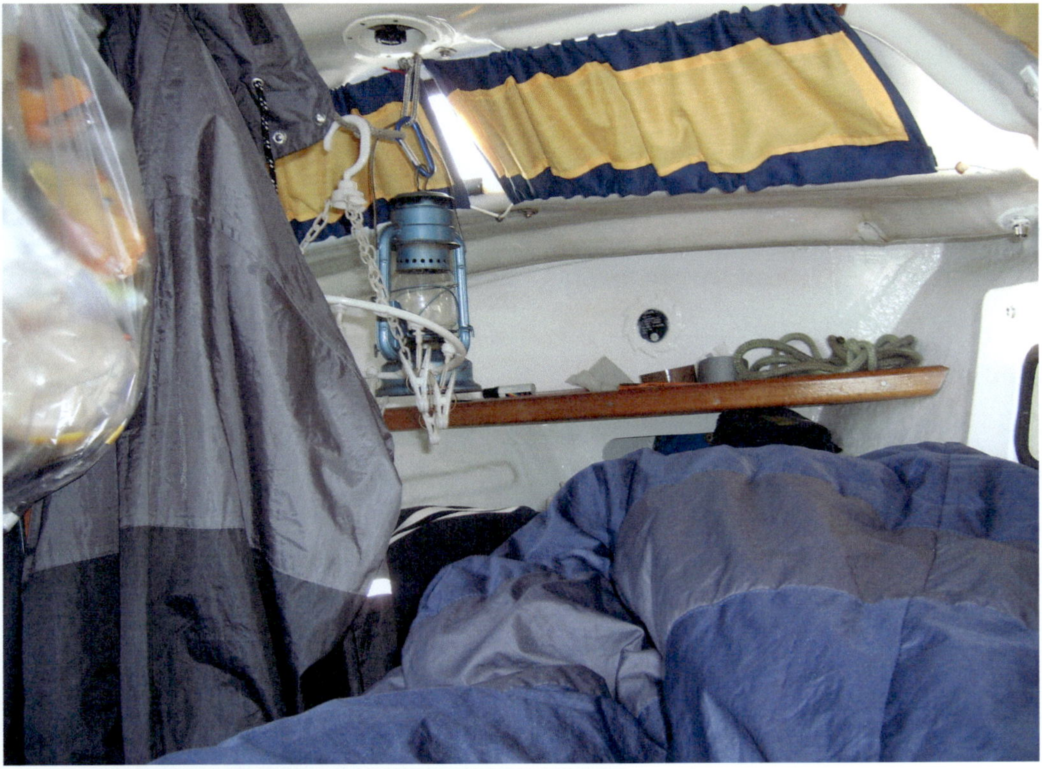

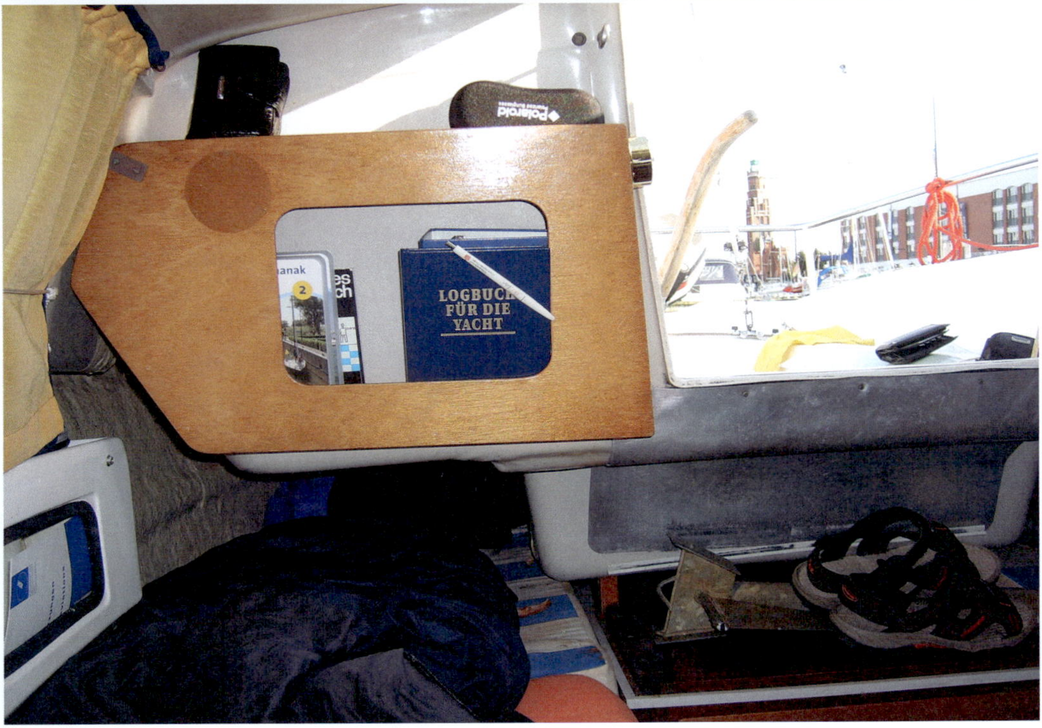

Donnerstag 20.8

Schleuse Hooksiel, dass ist der Ort an dem „Ti Sento" sich ihre erste Schramme abgeholt hat.

Aber nicht durch meine Dusseligkeit, wie gleich zu bemerken ist, werter Leser. Das Segelboot, welches neben mir lag, kriegte seine Maschine nicht mehr an. Um nun schon mal die „gute Tat des Tages" zu vollbringen, habe ich den Kollegen raus geschleppt. Nur das der „Kollege" mehr als doppelt so groß war wie ich selbst und der treue Honda auch nur 5 PS hat. Ergebnis: „Kollege" trieb leicht quer und zog mich, ebenfalls quer, an die Schleusenwand. Natürlich auf die Seite wo kein Fender hing. 40 cm Schramme und die Vorfreude aufs Polieren bleiben in Erinnerung!

Den Rest des Tages ... schönes Segeln (heute keine Klemmer im Segel), mit den Wind aus der Jade heraus nach Wangerooge. Hafen ziemlich voll. Fand aber einen kleinen Platz am Clubsteg, wo ich eigentlich nix zu suchen habe. Durfte aber bleiben für eine Nacht. 6 € gezahlt. Waschhaus wie alle anderen Gebäude auch, auf hohen Stelzen. Rustikal gehalten würde ich das Saniambiente mal bezeichnen (… wenn dies einer von Wangerooge liest, darf ich nicht wiederkommen…), geht aber. Ist ja wie gesagt, auch nur für eine Nacht. Luxus also bitte nicht erwarten! Benzin auch nicht, denn das gibt's da auch nicht! Hatte einer von den Bootskameraden wohl nicht gewusst und jammerte sich den halben Steg entlang.

Dafür hab ich mit meinem sonnigen Gemüt allzu selbstverständlich angenommen, das die Inselbahn wohl häufiger den Hafen mit Wangerooge - City verbindet! Denkste, war also auf die Umgebung beschränkt. Für Kilometer weit selber durch die Dünen zu rennen fehlte mir definitiv bei diesem Wetter der Antrieb.

Dabei hat meine Schwester früher hier als Kindergärtnerin gearbeitet. Schauen wir uns ihre ehemalige Wirkungsstätte dann eben beim nächsten Mal an.

Schiet, ich hab mir durchs Schreiben ja vielleicht mit den Insulanern verdorben und darf nicht wiederkommen. Da hab ich dann zu ersten Mal so richtig gemerkt, wie aufgeschmissen mal teilweise ist, wenn kein Rad da oder zu kriegen ist! Das liegt da echt etwas abgekapselt. Vielen gefällt das, mir normalerweise auch, nur diesmal eben eher nicht. Abends kam Sturmwarnung via Radio. Gab aber von meiner Seite aus keine Bedenken. Lag gut abgefendert sicher hinter meiner Spundwand am Steg und konnte so in aller Seelenruhe beobachten, wie sich das Wetter austobte und dabei den Himmel ständig veränderte und wunderbare Licht und Wolkenformationen hervorbrachte.

Fazit des Tages: Schramme geholt, Wangerooge - City nicht gesehen, weswegen fährt man dann auf diese Insel???? Etwas unbefriedigend, wenn denn da nicht das Unwetter gewesen wäre!

Freitag 21.8

Heutiges Ziel Bensersiel. Wetter anfänglich gut, aber ziemlich frisch aus West am wehen also direkt „op die Naas". Sind wohl möglicherweise noch Überbleibsel des Unwetters???

Der Versuch, wieder ein wenig den Weg zu schnippeln ging auch gleich in die Hose. 500 m nach der Fahrwassertonne das schon bekannte „boom boom". Diesmal aber endgültig. „Ti Sento" saß fest. Hab schon so manches darüber gelesen, dass wenn die Chance besteht, man sich doch Mal gewollt trocken fallen lassen sollte, um das Watt dann bei Ebbe hautnah, sozusagen mittendrin, zu erleben.

Also geplant war es ja nun nicht, aber ist trotzdem eine interessante Erfahrung 30 min. vor Anker zu liegen, die Wellen, den Grund und alles andere zu beobachten, während darauf gewartet wird durch auflaufendes Wasser wieder fortbewegungsfähig zu werden.

Der Himmel bezog nun aber immer mehr, der Wind frischte auf. Es wurde rau, die Wellen höher. 1 m werden es schnell geworden sein. Für andere zum Lachen, aber mit „Ti Sento", gegen an bei 4- 5 Bft, das wird schon ungemütlich und nass. Nur Achterbahn fahren ist schöner und trockener.

Einige heftige Duschen später wird das Gesicht schon angestrengter. Zig Boote kommen uns entgegen. Schön nach Osten, schön mit Wind von achtern, schön gelassen im T-Shirt sitzend. Ich dafür konzentriert im Regenzeug. Kurz nach dem Leitdamm von Neuharlingersiel war es echt heftig. Der Steven bohrt sich abwärts in die nächste Welle, das Heck ist kurz in der Luft am schweben.

Stärker hätte es auch nicht mehr werden dürfen, sonst hätte Plan B (Ausweichhafen) zur Anwendung kommen müssen. Aber wir geben ja nicht so schnell auf! Hatte ich das nicht schon mal gesagt?

Bensersiel fest, geschafft und zufrieden mit mir, nicht aufgegeben zu haben. Nun liege ich ruhig am Steg und bin versorgt. Schaue zu, wie sich die Kimmkiele bei ablaufendem Wasser in den Schlick bohren. 30 m weiter ziehen die Fähren an mir vorbei. Es ist Abend geworden. Im Westen sengt sich die Sonne in einem schönen Abendrot durch die Wolken zur Nachtruhe. Das werde ich jetzt auch tun.

Frage des Tages: Warten alle immer auf den richtigen Wind wenn sie weiter wollen oder gibt´s mehr Bolzer wie wir?

Sonnabend 22.8

Tschüss Bensersiel. Es tut mir leid, aber ich will weiter. Die Niederländer rufen immer lauter, hörst du es nicht?

Ein schöner Tag, blauer Himmel, nur vereinzelt Wolken. Mal wieder fast der einzige Segler, den es im Watt nach Westen zieht. Und, auch mal wieder, umso mehr die entgegen kommen. Im Prinzip das gleiche Bild wie am Vortag.

Wie am Vortag frischt es nach Mittag auf, es kommt wie es wohl kommen muss. Es wird nass. Zwar zum Glück nicht so arg, aber es reicht auch so. Noch 1 Seemeile bis zur Hafeneinfahrt von Norderney. Von hinten kommt mit gutem Speed eine Fähre auf. Weiter nach StB abfallen kann ich nicht. Die Untiefentonnen sind schon relativ nah. Auf der Fähre alles Baumaschinen. Der Kapitän interessiert sich augenscheinlich nicht für mich Kleinen und überholt mit gutem Dampf, sprich Wellenschlag. Die Bugwelle geht noch, aber die vom Heck, das muss ich ehrlich zugeben, habe ich unterschätzt. Voller Breitseite trifft sie auf. „Ti Sento" holt weit über, der Krängungsmesser liegt am Anschlag an, also ca. 40 – 45 Grad Pflichtkante an der Wasserlinie. Das 2 x, dann ist der Spuk vorbei. Die Fähre dampft weiter. Ich weiß nicht mal mehr, wie sie heißt, nur das sie von der Frisia Reederei ist. Leute der Geschäftsführung, sagt euren Kapitänen, sie sollen mehr Rücksicht nehmen oder wollt ihr einen Seenotfall auf eurem Gewissen haben?

Die Panik legt sich, die Wut auch. Norderney fest. Fühle mich etwas fehl am Platze. Um mich umzu nur die dicken Pötte, bis auf wenige Ausnahmen. Bin wahrscheinlich wieder der kleinste Fahrtensegler hier!?! Man fragt sich, wo die ganzen Leute den Schotter für so einen Kahn her haben, egal ob Segler oder Motorboot. Nicht das ich neidisch bin, aber die offenkundige Größenkluft ist schon beeindruckend.

Fazit des Tages: Ich werde braun, wie nur was. Was wohl der Hautarzt dazu sagt??

„Ti sento" bei den Dickschiffen fällt trocken!!!

Sonntag 23.8

Hafentag

Heute ist Sonntag, da mach' ich „fofftein", also Pause. Holland muss einen Tag länger auf mich warten. Ich leihe mir ein Rad und erkunde die Insel. Es gibt sehr schöne Fahrradwege, die die Insel durchqueren. Ein schönes auf und ab durch die Dünen, wobei dann auch die Hinterlassenschaften einer unrühmlichen Vergangenheit auftauchen, Bunker.

Zwischendurch können noch Besorgungen gemacht werden. Amerikanische Verhältnisse, die Geschäfte haben alle auf und so gehe ich shoppen und erstehe unter anderem einen neuen Wasserkanister, der Alte ist am Griff leck geworden und eine Gripzange.

Die kommt auch gleich zum Einsatz, habe außen alle Verschraubungen der AB-Halterung nachgezogen. Den restlichen Nachmittag dann damit zugebracht die Sonne zu genießen, anderen Bootlern beim Expertengespräch belauscht (gehört sich nicht, ich weiß, aber die Ohren zu stopfen klappt auch nicht), in der Fußgängerzone rum geschlendert, Fischbrötchen gegessen (irritierend, es gibt weniger Fischbuden als gedacht . . .), zum Strand rüber und der DGzRS bei Showvorführungen zu geschaut und so weiter, „hang loose" halt!

Gleich spielt Werder, mal sehen ob wir da nicht was für die Tabelle tun können. Es wäre schon schön einen weiteren Schritt in Richtung Spitze zu machen. Sicher kann man sich bei den Jungs allerdings nicht sein, spielen zurzeit etwas wechselhaft. Höre gerade im Radio der SV mit 2:0 führt. Na also geht doch. Bayern hat verloren! Juhu, das Glück ist fast perfekt. SORRY, liebe Leser, aber ich gehöre gerade nicht zu ihren treuesten Fans. Musste mal gesagt werden. Warum, darüber könnte ich jetzt hier lang + breit debattieren, jedoch ist das oder sollte es zu mindestens nicht das Hauptthema sein/werden.

Fazit des Tages: Momente der Zufriedenheit, wie lange die wohl währen......

Montag 24.8

Heute will ich weiter. Das letzte Niedrigwasser hat mich nicht früh ins Bett kommen lassen. „Ti Sento" lag voll auf Schiet und ist dabei nach BB gekippt. 10 Grad Lage, da rutsche ich fast aus der Koje beim Schlafen.

11 Uhr Leinen los. Hochwasser ist gegen 15 Uhr, hoffen wir mal, dass der Prickenweg vor Juist schon voll genug ist. Wenn man das erste Mal im Watt unterwegs ist, dann hat's noch keine große Erfahrung. Vorsicht ist die Mutter der Porzellankiste!

Wir machen sehr gute Fahrt unter Segel, das GPS zeigt ca. 7 kn, also fast 13 km/h an. Sind ergo demnach in einer munteren Strömung gelandet. DANKE! Kursänderung nach BB, Richtung Ems.

Das ungemütliche Spielchen beginnt aber wiedermal. Gegen an, ruppig, nass. Der Speed geht immer weiter zurück, wird lächerlich wenig 2-3 kn. Aber es geht weiter, muss, ich will doch heute noch bis Delfzijl. Inzwischen läuft auch wieder der Jockel. Km um km krampft er der Ems den Weg ab, da der Strom schon gekippt ist. Mit 19 Uhr wird das wohl nix mehr. Einige Frachter sind unterwegs ebenso die Katamaranfähren der AG Ems, es ist ganz gut was los!

Einer dieser Ozeankameraden wird „Ti Sento" und mir in Erinnerung bleiben. Den Namen sag ich mal nicht! Heimathafen Limassol. Bin mal wieder ganz weit außen und trotzdem!

Was da angerauscht kommt lässt Angst in mir aufkommen. Eine Wand aus Wasser wälzt sich uns entgegen. Versuche mich zusammenzureißen und richtig zu reagieren. Reduziere die Motorleistung, werfe alle Schoten los. Die Segel flattern im Wind, Luke zu ziehen, für die Sicherung der Notbelüftung bleibt keine Zeit mehr. Ich halte die Pinne krampfhaft, drehe in die anstürmende Welle hinein, Augen zu, ducken, hoffen. ....

Die erste wird perfekt genommen, auch deshalb weil sie sich gerade abschwang. Aber dann ist Nr. 2 da! 1,5 -2 m, die mir wie ein nasser Berg erscheinen. Mein Sarg?? „Ti Sento" knallt voll rein, der Mast zittert, die Welle rollt über Schiff.

Wir sind durch! Bestandsaufnahme. Motor läuft noch, keine Schäden zu entdecken, Ich klatschnass, innen etwas geflutet Notluft und Niedergangsluke haben nicht ganz standgehalten. Aber weit weniger als befürchtet. Soweit dann alles i.O., Gott sei Dank und das, obwohl ich Atheist bin. Bin sehr zufrieden und stolz auf Boot und Motor. Hatte mich schon wer weiß wo gesehen … nehme wieder Kurs auf, der Cypriot ist schon fast am Horizont verschwunden. Genieße trotz des Schrecks und des lahmen Speeds die langsam untergehende Abendsonne.

Sehe sogar noch einen Seehund, kurz bevor wir die Hafeneinfahrt von Delfzijl erreichen.

Delfzijl, was man so aus der Entfernung erspäht, lässt Böses erahnen! Auf der Ems vor der Hafenzufahrt befanden sich schon mehrere Traditionssegler und auch in der Ferne lassen sich jede Menge hoher Masten erkennen.

Je näher wir kommen umso größer wird das Grauen. Das gesamte Hafenbecken ist voll mit Hunderten von Booten. Sport-, Berufs-, Traditionssegler. Die Kaimauern sind über und über mit Menschen bedeckt. Zwei Konzertbühnen mit wummernden Bässen, ein Riesenrad hell erleuchtet und, und, und.

Delfzijl feiert und alle feiern mit. Nur einer nicht und das bin ich! Wo soll ich hin, nirgends Platz.

Inzwischen ist es stockdunkel und meine Kleine hat noch nicht mal eine vollwertige Beleuchtung. Ich habe keine Wahl. Raus auf die Ems und weiter ist unmöglich, bleibt nur die Flucht nach vorn, weiter durch die Kanäle Richtung Groningen. Die WasPo, die mich gekäscht hat, wegen der ungenügenden Lichter, kann mir auch nur den Rat geben nach der nächsten Schleuse einen Platz zu suchen! Ich finde mit Glück auch noch eine Ecke, obwohl er nicht für mich, sondern nur für die Berufsschifffahrt erlaubt ist. Aber es muss gehen für diese Nacht, morgen sind wir früh wieder verschwunden.

Der Platz am Kai ist alles andere als ideal. Es gibt nur einen Poller und so kommen sogar meine Erdnägel zum Einsatz. Das Ankerlicht ist gerade gesetzt, als auch noch ein Ausflugssegler seine Gäste 1 m vor meinen Bug auslädt. Nach Mitternacht, selbst jetzt fahren die Berufsheinis noch und lassen das Boot im Schwell tanzen. Oh Mann, das kann eine Nacht werden!

Fazit des Tages: Für die Zukunft. Nicht zu viel vornehmen, es geht auch schon mal nach hinten los.

Dienstag 25.8

Eine miserable Nacht. Kaum und schlecht geschlafen. Magenprobleme. Muss unrühmlich das Porta Potti einweihen! Würge mein Frühstück runter. Bloß weg hier. 25 km bis Groningen, relativ langweilige Kanalfahrt,, zumal es unablässig regnet. Ja so scheint es auf den ersten Blick, der ja durch den Regen auch getrübt ist.

Bei genauerer Überlegung wird's dann doch immer besser, denn die Wiesen, Felder, Bäume, Tiere ... all das konnte man in der letzten Woche in der Nordsee nicht entdecken und stellen dann doch eine Bereicherung dar.

Dafür fällt jetzt etwas auf, an das ich noch nie gedacht habe. „Ti Sento" ist so klein, dass im Sitzen definitiv nichts von der weiteren Landschaft zu sehen ist. Die Uferböschung und die Deiche sind so hoch. Sonst hatten wir ja immer Hausboote in NL gechartert. Da stand man hoch oben an Deck und konnte wunderbar schauen, jetzt ist Hinstellen zwingend vorgeschrieben, wenn es gilt etwas anderes als nur den Kanaltunnelblick sehen zu wollen.

Werde Gast beim Groninger Motorboot Club. Übernachtungskosten für Boot + Mensch + Strom 7,20 € die Nacht. Lächerlich... Werde sehr freundlich aufgenommen. Leider kein Fahrradverleih und zum Zentrum sind es 1,5 km Fußmarsch. Langsam wird mir klar, wie schade es ist, wenn an Bord kein Platz für die Mitnahme eines Rades ist. Ich werde noch häufiger daran erinnert und vermisse es mehr als einmal schmerzlich. Man hätte auch im „Passantenhaven" im Zentrum liegen können. Wollte nach den letzten Begebenheiten aber mehr Ruhe, denke das ist die bessere Wahl.

Mittagsschläfchen gemacht um das Versäumte nach zu holen. Morgen ist Groningen mein! Noch einen kleinen Spaziergang gemacht. Das war's dann.

Fazit des Tages: Holland hat genug Wasser, da braucht's von oben wirklich nicht mehr!

Mittwoch 26.8

Groningen, heute ist unser Tag. Zuerst ist Fußmarsch angesagt, aber das erwähnte ich ja schon.

Der erste Eindruck ist ein Fahrrad, welches an einer Hauswand lehnt. Zu verkaufen für 70 € steht auf dem großen Pappschild geschrieben. Darauf eine Telefonnummer. So wie das aussieht ein höchst zweifelhafter Preis. Später sehe ich bei einigen Fahrradläden gebrauchte und überholte Drahtesel die man käuflich erstehen kann. Mindestens 16 0€ sind aufgerufen, auch nicht gerade ein Schnäppchen denke ich so bei mir und das in einer Fahrradstadt bzw. Land.

Überhaupt, Fahrräder gibt's hier wohl zu Millionen!? Jeder heizt damit rum, und mit welchem Affenzahn?? Langsam radeln ist wohl nicht in! In meinem Reiseführer steht das Groningen zur fahrradfreundlichsten Stadt der Welt gekürt worden ist. Sogar Freudenhäuser mit Fahrrad Drive - in gibt es.

Verrückt, vorbildlich sagen andere.

Im Zentrum wimmelt es an mehreren Stellen vor Menschen. Da sind zum einen die Studenten, denn heute ist Immatrikulationstag, die Eröffnung des Semesters mit den „Neuen" und zum anderen die ganzen Baustellen, Straßen, Plätze, Häuser, überall wird gewerkelt. Von der Wirtschaftskrise augenscheinlich keine Spur!

Auf dem „groten markt" ist Kirmes. Die Martinskerk, enttäuschend. Sie hat zwar eine berühmte Orgel, aber sonst ist es im Inneren alles kalt und leer. Das denkt man sich doch irgendwie anders.

Groningen selbst sieht trotz umfangreicher Baumaßnahmen ähnlich aus wie ich es schon aus anderen niederländischen Städten kenne. Ein paar nette Ecken hier und da, aber eben auch etwas rumplig! So nenn ich das mal. Wer schon da gewesen ist, weiß was ich meine! Die Niederländer mögen es mir verzeihen.

Erstehe die ersten Postkarten für die Lieben daheim. Setze mich in eine Grünanlage und schreibe sie alle voll. So jetzt fehlt nur noch das „Segel", die Briefmarke. Ganz in der Nähe befindet sich , in einem großen älteren Sandsteinbau, die Post. Ich will mal versuchen, ob es klappt mit meinem dilettantischen niederländisch, erfolgreich das Gebäude zu verlassen. Lege mir den Satz zurecht, den ich sagen will und betrete das Gebäude. Sehr schöne helle Halle mit Postschalter, Bankbereich und einer größer Abteilung mit Deko-, Verpackungs- und Geschenkartikeln.

Schlange stehen ist nicht. Nummer ziehen, auf eine Bank setzen und auf den Aufruf warten. Ich bin dran und fange an meinen einstudierten Wunsch zu äußern

„Goedendag meneer . . ." Kurze Zeit später stehe ich wieder auf der Straße. Es hat geklappt und halte stolz und zufrieden 20 „Segels" in der Hand. Gute Reise ihr Ansichtskarten!

Meine Augen entdecken mehrere FEBO`S. Das sind, wer es nicht kennt, jene Art von NL Freßtempeln, wo man draußen stehend, hinter zig kleinen Glasklappen verborgen, Leckereien erstehen kann. In der Regel kein Kuchen sondern Frikadellen, gefüllte Taschen, Risibisi usw. Einfach Geld in den Schlitz, Klappe auf, reinbeißen, köstlich. SORRY, Ich kann mir nicht helfen, dieses Fastfood für Arme ist „eecht lekker"!

Einkaufen ist wieder schlecht. Kein Supermarkt in Sicht. Irgendwie erstehe ich dann doch noch ein wenig Brot, Wurst und Wein. Somit heißt es „genug gesehen, zurück zum Boot".

Danach mit den Kanistern in der Hand los zur Tanke. Wieder zurück, sind die Arme deutlich länger geworden als vorher. Zum Abendbrot gibt es Dosenfutter mit Wein.

Fazit des Tages: Ein Fahrrad wäre heute schon nützlich gewesen, aber der Platz . . . !!!

Groninger Impressionen

Heiraten auf Niederländisch !!!

Donnerstag 27.8

Ciao Groningen. „Ti Sento" ist zu hoch. Genauer gesagt ist sie ca. 7,50 m hoch, das ist zu viel für die kürzere Strecke außen rum.

Ich hatte mir geschworen nicht dauernd den Mast zu stellen bzw. zu legen, was aber auch bedeutet Kompromisse bei der Streckenwahl eingehen zu müssen. Z.B. jetzt, wo wir den längeren Weg durch die Stadtgrachten nehmen müssen. Geht eine ganze Zeit auch schön flüssig voran. Zusätzlicher Vorteil, es gibt wesentlich mehr und interessantere Sachen zu sehen.

An der Eisenbahnbrücke am Stadtrand ist es dann aber vorbei. 1 Stunde lassen uns die Jungs der zuständigen Meldepost warten, bis es wohl in den Zuglaufplan passt die Drehbrücke zu öffnen. Endlich durch. Wir fahren weiter auf den Reitdiep. Heute möchte ich in der Pampa übernachten. Das Wetter ist mittelprächtig, bedeckter Himmel und zunehmender Wind aus West.

Entscheide mich dann am Nachmittag für einen Kompromiss. Gehe bei dem Dorf Schouwerzijl im Schutze eines Waldes vor Anker. Nach 300 m Fußweg ist man im Dorf. Aber hier gibt es außer 20 Wohnhäusern rein gar nichts. Brauchen tue ich ja auch nichts, es reicht was unter Deck an Vorrat da ist. Bin wieder zufrieden und genieße das Nichts. Beim Genießen gehen meine Trekkingsandalen aus dem Leim. Waren sowieso nicht mehr die Neusten, werde wohl zusehen müssen, morgen in Dokkum für adäquaten Ersatz zu sorgen. 18 h der Gemeindegeldeintreiber kommt vorbei! 2,95 € kostet mich die Nacht am Steg. Noch weniger ist wohl kaum zu schaffen!

Ich schaue den Wolken auf ihren Bahnen am Himmel zu. Dabei fällt mir auf, bisher noch kein einziges Mal auf der Reise das eigene Radio angestellt oder eine Zeitung gelesen zu haben. Halt stimmt nicht, auf

Norderney gab´s den Weser Kurier, den hab ich mir gekauft und Fußball im Radio gehört. Stimmt!

So es wird Zeit in die Heia zu gehen. Die Petroleumleuchte flackert so leicht vor sich hin, könnte wohl bald alle sein! Aber nicht mehr heute, das kann auf morgen warten.

Fazit des Tages: Würde mir jetzt gekündigt, wäre es mir auch egal . . .

Freitag 28.8

8 h der Regen trommelt aufs Dach dauernd Stakkato. Wird wohl nix mit Weiterfahrt. Muss ja auch nicht um jeden Preis sein. Dann drehen wir uns eben auf die andere Seite und schlafen noch eine Runde.

10 h es ist kein Regen mehr zu hören, er hat also aufgehört. Ich schiebe die Niedergangsluke auf und beäuge misstrauisch den Himmel. Sieht besser aus, Wolkenlücken, vereinzelte Sonnenstrahlen erreichen das Boot. Am Horizont klart es stärker auf. Na, das scheint ja doch noch was zu werden. Beschließe es zu riskieren. Vorsichtshalber in voller Montur.

Wir ziehen durch die Lande. Der Motor schnurrt vor sich hin und singt ein beruhigendes Lied. Rechts und links Felder, Äcker, Kühe, Schafe. Ziel ist Dokkum, welches am frühen Nachmittag erreicht wird. Im letzten Jahr war diese Stadt schon mal von mir und meinen damaligen Mitreisenden besucht worden und nun freue ich mich, wieder dort zu sein. Es ist viel los, so suggerieren es einem die ganzen Schiffe, die vor Anker liegen. Auch ich finde hier in der Baartje Gracht, „dem" Top - Platz, noch ein Plätzchen.

Am alten Verteidigungswall, vorn und hinten eingerahmt von 2 Windmühlen, die nachts sehr malerisch angestrahlt werden. Extrem nah am Zentrum, sind vielleicht 4-5 min Gehweite und in Wurfweite ein schöner Supermarkt.

Das Einzige, in dem sich Dokkum noch stark verbessern könnte, wären die sanitären Verhältnisse für Yachties. Eher so mit „Naja" zu bezeichnen….! Ich kann aber nicht so einfach darauf verzichten, habe doch nur mein Porta Potti, dessen Inhalt hier nicht zu entsorgen ist und Duschen will man doch auch…...

Ach ja, was auch noch stört, aber dafür kann Dokkum nix, ist der lebhafte Wind. „Ti Sento" zerrt heftig an ihren Festmachern, abends wird's besser. Getreu dem Grundsatz „… und abends schläft der Wind dann ein „

Der Hafenmeister kommt zum Kassieren. Diesmal eine Sie. Ohne Strom 3,60 € die Nacht, 1 Woche würde 14,40 € bei Booten bis 6,5 m kosten.

Fazit des Tages: Dokkum, ich freu mich wieder bei dir zu sein …

Samstag 29.8

Die Vorräte müssen ergänzt werden. Mit den Lebensmitteln ist schnell getan, aber das mit den Trekkingsandalen gestaltet sich unerwartet schwierig. Es gibt zwar einen Outdoor Laden, doch bei den Preisen will meine knickrige Seele dann doch nicht zuschlagen!

In den anderen Schuhläden der Fußgängerzone werde ich auch nicht fündig. Das, was da in den Regalen steht, ist für meine Treter zu klein. Wohl oder übel muss der Kauf damit auf einen anderen Ort vertagt werden. Kaufe lieber ein paar Portkarten, eine Zeitung und setzte mich draußen in ein Cafe.

Das Nass verfolgt einem selbst hier hin! Wechsele den Platz, um dem Schauer zu entgehen. Man ist Kummer gewöhnt …! Über Groningen schrieb ich, das schon schönere Städte meinen Weg kreuzten. Dokkum ist so eine. Sie ist wirklich schön, wie ich finde.

Es einem Außenstehenden zu beschreiben, ist nicht ganz einfach. Wir Deutschen haben mitunter die Vorstellung, um nicht zu sagen das Klischee, in welchem die Niederländer in kleinen niedlichen Häusern wohnen, den ganzen Tag Käse essen und die Massenproduktion der Tomaten und Tulpen erfunden hätten. Ganz zu schweigen von der Sache mit den Wohnwagen…

Ich lehne Klischees strikt ab, obwohl in diesem Fall erfüllt Dokkum die Sache mit den niedlichen Häusern, fast zu 100%. Den Burg auf Texel ist darin aber noch besser, aber das jetzt nur am Rande. Also, alle diejenigen die noch nicht in diesem Städtchen waren, rein in den fahrbaren Untersatz und einen Besuch abstatten.

Fazit des Tages: … nein, ich bekomme kein Geld von der Touri – Info …

Sonntag 30.8

Heute Morgen das andere Waschhaus benutzt. Es befindet sich in einem besseren Zustand, wie das auf dem Parkplatz. Was nicht heißen soll dass die Note 4 locker erreicht wurde…!

Sind wieder auf Achse, auf der Dokkumer Ee nach Leeuwarden. Auch bekannt als Stadt der Dominoweltrekorde.

Er, Sie, Es, Ee schlängelt sich durch eine Landschaft, die stark landwirtschaftlich geprägt ist, eben Friesland. Davon gab's in letzter Zeit mehr zu sehen, was jedoch immer noch wesentlich besser ist als zwischen Industrie rum zu tuckern. Kommen sehr gut durch und legen schon um 14 h in den Wallanlagen unterhalb der Oldehoofsterkerk an. Ursprünglich, soll heißen 1532, sollte es mal eine große Kirche werden, aber als die Türme sich anfingen zu neigen, und es immer schlimmer wurde, ließ man es sein und baute nicht weiter. Steht man davor fragt man sich unwillkürlich was wohl mehr Neigung hat, Pisas Turm oder er hier?

Irgendein Stadtfest ist im Gange. Zu den Wallanlagen in welchen wir lagen, gehört auch eine Freilichtbühne auf der schon kräftig gerockt wurde. Der Knaller kam aber erst noch! Am Ufer gegenüber sammelten sich 5 Leute mit Musikinstrumenten, Boxen, Verstärker und einem Notstromaggregat. Sie bestiegen einen flachen Kahn und fuhren von da an laut musizierend und singend durch die Kanäle und Grachten der Stadt.

Die Künstler bewiesen echt so einiges an Durchhaltevermögen, denn Schluss war erst am späten Abend. Alle waren hellauf begeistert von ihren Darbietungen. Die Yachties, die Spaziergänger, jene die in Cafés an der Gracht saßen, und, und, und …

Fazit des Tages: Musik kennt keine Grenzen.

Montag 31.8

Bin geneigt diesen Tag in meinen Beschreibungen zu überspringen. Es gibt weiter nichts groß zu berichten. Aus Leeuwarden geht's raus, in den van Harixmakanal Richtung Franeker eingebogen, Gashebel festgestellt und Bootje laufen lassen.

In Franeker in den Jachthafen eingelaufen, Übernachtungskosten in Briefumschlag gesteckt, weil der Hafenmeister nicht da war. Kleinen Spaziergang in die Stadt gemacht. Endlich bezahlbare Trekkingsandalen gefunden und gekauft.

Wieder zurück beim Boot. Inzwischen ist es Abend. Sitze im Schein meiner Lampe unter Deck, schreibe Postkarten und Tagebuch. Sehe mich einer Invasion gegenüber stehend oder wohl eher sitzend! Wo zum Teufel kommen den die ganzen Mücken auf ein Mal her? Die Schotten sind doch schon lange dicht! Sonst hab ich keine und nun haben schon an die 20 Quälgeister ihr Leben durch meine Schläge verloren!

Fazit des Tages: Komme ich heute Nacht überhaupt zum schlafen?

Dienstag 1.9

Die Sonne scheint munter hernieder. Ziehe los um Franeker zu erkunden. Auf dem Weg komme ich am Kaatsstadion vorbei. Kaats ist ein friesischer Ballsport, der draußen auf einen Rasenplatz gespielt wird. Wie es funktioniert und wie die Spielregeln sind, habe ich zuerst auch nicht vollständig begriffen. Bevor Blödsinn rauskommt, spar ich mir lieber eine Erklärung und verweise auf die Internetseite des KNKB (KoninklijkeNederlandseKaatsbond)www.knkb.nl/pageid=1999/Home.ht ml bzw. auf diese Kurzerklärung:

...**Kaatsen** ist ein Ballsport, der fast nur in der niederländischen Provinz Friesland und in der Umgebung von Brüssel in Belgien getrieben wird. Es gilt als eines der ältesten überlieferten Ballspiele. Die Teilnehmer bilden zwei Dreier-Mannschaften, Parture genannt. Das Turnier des *Permanent Comity*, kurz PC-Turnier, in Franeker wird jährlich seit 1854 abgehalten und ist der Höhepunkt der Saison. Die traditionsreiche Atmosphäre dort erinnert an jene des Tennis-Turniers von Wimbledon. Der Sport ist verwandt mit dem baskischen Pelota-Spiel, aber die Spielregeln weichen stark davon ab (Quelle: Wikipedia).

Wer mal hier ist, kann sich ja in der Welthauptstadt des Kaats in das Museum begeben, um mehr darüber zu erfahren.

Die Innenstadt ist größer und, Dokkum möge es mir verzeihen, auch noch ein wenig schöner. Aber nicht nur deswegen ist Franeker eine Reise wert.

Das Highlight ist unbestritten das Planetarium des Eise Eisinga. Eisinga war außer Wollkämmerer, womit er seinen Lebensunterhalt verdiente, auch noch Hobbyastronom. An der Decke seines Wohnzimmers hat er in 7-jähriger Kleinarbeit ein voll funktionierendes Modell des Sonnensystems, wie es im Jahre 1781 bekannt war, nachgebaut. Und nachgebaut heißt nicht einfach nur aufgemalt, nein, mit Hilfe eines komplexen Zahnradmechanismus auf dem Dachboden, lässt er alle Planeten und Monde unter der Wohnzimmerdecke um die Sonne kreisen. Die Berechnungen die für diese Konstruktion benötigt wurden sind so exakt, dass sich bis heute alle Himmelskonstellationen mit Angabe der Zeit, Tag, Sternzeichen, Kalender, usw. aufs Genaueste ablesen lassen. Dieser Mechanismus, der durch 10.000 hochpräzise gefertigter Holznägel, einem Pendel und Gewichte arbeitet, kann aus nächster Nähe beobachtet werden. Dazu gibt es noch einen 30 min. Einführungsfilm über ihn, sein Leben und Schaffen.

Prädikat : Höchst sehenswert

Der Himmel zieht sich wieder zu. Deshalb Planänderung: schnell einkaufen, um die Sachen noch trocken ins Boot zu bekommen. Der Nachmittag wie gehabt: Stürmischer Wind, dunkle Wolken, Regen.

Fazit des Tages: Der Besuch des Planetariums und des daneben liegenden Cafés sind den Umweg auf jeden Fall gerecht geworden.

Das Rathaus von Franeker

Mittwoch 2.9

Die ganze Nacht hat es wie aus Eimern geschüttet und der Wind jaulte in den Wanten.

Nach dem Frühstück sieht es besser aus und ich wage die Abfahrt. Ich merkte ja schon mal an, dass durch den hohen Mast kaum Abkürzungen möglich sind, so auch jetzt.

Es soll eigentlich nach Sneek gehen, doch wie gesagt, dazu müssen wir einen großen Kreis drehen. D.h. erst den ganzen Weg nach Leeuwarden zurück, daran vorbei, nach Süden abdrehen und beim Erreichen des Prinzess Margrit Kanals abermals abdrehen nach Westen.

Werde es heute nicht mehr schaffen, das Wetter wird zusehens schlechter. Auf dem Weg liegt der National Park „Prinzenhof". Hier im Gewirr aus Inseln, Kanälen und Seen will ich auf einem der kostenlosen Übernachtungsplätze den Tag ausklingen lassen. Die Ruhe und Schönheit der Landschaft ist Labsal für Geist und Seele. Trotz dauernder kleiner Schauer erwische ich eine trockene Phase, um im Windschatten einer Baum- und Buschreihe den Grill anzuschmeißen.

Es schmeckt verdammt gut, was da an Improvisiertem auf dem Rost brutzelt. Ja, ja, so könnte es immer sein …

Fazit des Tages: NL, ich mag dich trotz des bescheidenen Wetters ….

Donnerstag 3.9.

Das Barometer ist über Nacht stark gefallen. Von 1.010 hpa auf 998 hpa. Am Himmel rasen Unheil verkündende schwarze Wolken dahin.

Das sieht nicht gerade gut aus! Wollte doch heute den Rest nach Sneek machen! Der Wind nimmt weiter an Heftigkeit zu. Es scheint fast so als ob der da oben sagt. „ Fahr nach Hause, wir wollen dich nicht hier"

Vorsichtshalber tasten wir uns durch die kleineren Kanäle vorwärts. Aber auf halben Weg ist endgültig Schluss, die Vernunft hat gesiegt. Wir müssten jetzt übers Sneeker Meer, aber Schaumkronen auf den Wellen lassen erahnen, das es mehr wie ungemütlich werden würde.

In Akkrum lege ich an und bekomme „Ti Sento" so gerade noch fest. Der Wind wird immer stärker. Der Windmesser zeigt 7, in Böen fast 8 Bft. Da braut sich ein Sturm zusammen (ja ja ich weiß dafür braucht es offiziell betrachtet noch ein bisschen mehr...). Also Luken zu und abwettern. Der Sturm hält den ganzen restlichen Tag noch an. Er pfeift und heult, die Fallen schlagen wie wild gegen den Mast, das Boot erzittert unter so viel Naturkraft. Bei jeder starken Böe, kriegt „Ti Sento" 5-10 Grad Schlagseite und das, obwohl es am Ufer mit allen Leinen vertäut liegt.

Jetzt noch fahren Charterschiffe an mir vorbei. Den Großen scheint das wenig aus zu machen, aber ob das so vernünftig ist jetzt noch zu fahren? Am späten Nachmittag ist das Barometer etwas gestiegen auf 1.003 hpa, aber die Intensität bleibt.

Die Nacht ergibt keine Veränderung. Zudem regnet es seit dem Abend volle Kanne. Die Tropfen prasseln aufs Dach. So fällt das Einschlafen nicht leicht …

Fazit des Tages: Schei ..... Wetter

Freitag 4.9

Ich wache auf. Das Boot wackelt. Das Unwetter wütet immer noch. Es scheint aber so, als ob es ein wenig an Kraft verloren hätte.

Mein Blick fällt auf das Barometer. Wieder gefallen 1.001 hpa. Verstehe ich zwar nicht, aber egal. Krame das Windmesser hervor. 5 lese ich ab. Windrichtung Westen.

Ich will es wagen. Wenn wir das Sneeker Meer erreicht haben, soll die Situation zeigen, ob es machbar ist, durchzukommen oder alternativ umzudrehen nach Terherne.

Das Meer empfängt mich, fröhlich und gut gelaunt, mit einer kräftigen Dusche. So oft ich hier schon übers Duschen geschrieben habe, sollte man meinen, dass ich davon so langsam die Nase voll habe.

Stimmt, habe ich auch! Habe aber Blut geleckt und wenn es geht, will ich so schnell die Flinte nicht ins Korn werfen, auch wenn es zu x-ten Male heißen wird „… ausziehen, Klamotten trocknen" Es wird ein kurzer und harter Kampf. Aber ich gewinne.

Die Regenhose allerdings muss in ihrem früheren Leben wohl eher eine Badehose auf Hawaii gewesen sein. Alles ist klatsch nass. Von trocken halten hat die wohl noch nichts gehört! Mittags mache ich meinen treuen Kumpel im Passantenhafen von Sneek fest. Fange mit dem Üblichen an. Inzwischen blauer Himmel und Sonnenschein. Hänge die nassen Sachen über den Baum zum Trocknen aus, während der Skipper duschen geht. Danach ab in die Innenstadt. Bummeln, einkaufen, Postkarten schreiben.

3 Wochen sind um, Sneek ist mein Wendepunkt, um die Heimreise anzutreten. Wenn ich bedenke, wie viel weiter ich eigentlich gekommen sein wollte!

Nächstes Mal und dann nicht mit Anreise über die Nordsee sondern binnen oder gleich mit Trailer. So schön die Tour durch Wattenmeer auch ist, aber ratzefatz ist die erste Woche auch schon weg gewesen. Trotzdem ich möchte das nicht missen, war echt klasse.

Fazit des Tages: So langsam kündigt sich das Anfang vom Ende an.

Innenansicht Teil 2

Samstag 5.9

Heute will ich den Mast legen. Habe mich für die Route via Staadskanal, Ter Apel, Haren-Rütenbrock Kanal, Ems, Küstenkanal und Weser aufwärts entschieden, um in Bremen dann meinen Kreis endgültig zu schließen.

Und für diese Strecke ist der Mast zu hoch, auch wenn er zugebenermaßen im Vergleich zu anderen mickerig ist. Und das legen mache ich besser hier in Sneek. Es sind jede Menge Leute auf dem Steg unterwegs, die mir helfen könnten.

Als erstes ist da mein niederländischer Nachbar, den ich gar nicht fragen brauchte, sondern der gleich in unserem Gespräch anbot, mir zu helfen. Er fragte auch gleich noch 2 niederländische Segler ein paar Boxen weiter, zusammen war der Mast dann schnell unten. Der Rest ist dann nur noch reine Formsache.

Wanten, Stage und Fallen am Mast klarieren, fest tapen. Mast aufs Boot und leicht quer vom Bug achtern nach BB legen. Fender unterlegen, fest zurren, fertig. So, wir sind abfahrbereit. Es ist noch früh am Tage, warum sollten wir noch eine weitere Nacht am Steg verbringen, wenn es in der Pampa schöner ist? Unweit des Sneeker Meeres, das jetzt Snitser Mar heißt, weil vieles seinen ursprünglichen friesischen Namen zurück erhalten soll, habe ich meinen Lieblingsplatz.

Fast so etwas wie ein Geheimtipp, obwohl es in Wirklichkeit keiner ist, denn viele fahren an der Ecke vorbei bzw. legen auch an.

Position: 53 Grad 02`061 N  5 Grad 48`237 E. In dieser Nacht haben wir diesen Teil der Insel für uns allein. Die Hoffnung einen Sternenhimmel sehen zu dürfen, war dann doch wohl etwas zu sehr gehofft! Is nicht wegen Wolken …

MAX. 3 DAGEN
AANLEGGEN TOEGESTAAN
RECREATIESCHAP "DE MARREKRITE"

S

Fazit des Tages: Pampa gibt Freiheitsgefühl

Sonntag 6.9.

Die Nacht war ziemlich kalt. Bin aufgewacht und stellte fest völlig durchgeschwitzt zu sein. Warum bleibt ein Rätsel oder werde ich krank? Habe mir vorgenommen heute lange zu fahren und dort zu übernachten, wo es uns hin verschlägt. Unser Weg soll gehen über den Jenesloot, Drachten, Opeinde und Bergumer Meer zurück nach Groningen, da diese Strecke noch Neuland für mich ist.

Der Jenesloot ist sehr schön zu durchfahren. Wenn man erst mal die Engstelle der offenen Schleuse passiert hat, ist schnell ein Gebiet erreicht, das einem das Gefühl der Ursprünglichkeit vermittelt. Das Ganze sind zwar nur knapp 3,5 km, aber dennoch.

Zwischen Opeinde und dem Bergumer Meer liegt noch die Wasserfläche „ De Leijen". Früher war es wirklich nichts anderes wie ein großer See, zurzeit entstehen dort aber eine Anzahl von Inseln, Kleinstpolder und Marekritplätzen. In ein paar Jahren sollte ein neuerlicher Besuch sicherlich zeigen, wie sich alles verändert hat und das zum Vorteil aller.

Nach dem Bergumer Meer wieder Kursänderung nach Stb in den Prinzess - Margerit - Kanal hinein. Die Freizeitschifffahrt wird schlagartig weniger. Stellenweise kann ich nun kilometerweit schauen und bin der einzige Sportbootskipper weit und breit, sonst nur noch die Berufswillis, wovon erstaunlich viele Deutsche sind! Der eine bedankt mein Winken mit einem Gruß aus seinem Horn. Die Fahrt geht im Hafen „De Landtog" in Stroobos bei Km 26 für heute zu Ende.

Empfehlenswerter Übernachtungsplatz. Boot liegt sicher in der Seitengracht, kleines aber sauberes Sanigebäude. Eine Tankstelle für Diesel fehlt nicht, was mir und meinen Benzin Honda allerdings wenig nützt. Der Ort selber hat leider so gut wie nichts zu bieten. 1 Restaurant, 1 Kneipe, 1 Imbiss mehr nicht. Auf der Infokarte von Stroobos ist zwar ein Supermarkt verzeichnet, der muss aber schon eine längere Zeit geschlossen sein, so wie es dort aussieht! Aufproviantieren also Essig. Damit ist der Rundgang durch den Ort auch schon erledigt. Das war´s dann wohl für heute.

Fazit des Tages: Bin weiter gekommen als gedacht.

Montag 7.9

Ein neuer Tag bricht an. 10 h. Leinen los. Weiter geht's auf dem Kanal. Ein Kanal, der einem kaum etwas bietet, was das Herz begehren oder über die Maße erfreuen könnte.

Kilometer abtuckern könnte man es auch nennen! Im Großraum Groningen wird es besser. Es gibt skurrile architektonische Bauwerke zu bewundern. Eines der Dinge, die mir in NL immer wieder auffallen. Es gibt eben nicht nur die kleinen, verschlafen wirkenden Dörfer mit den niedlichen Häuschen, nein, auch der Einfallsreichtum in die andere Richtung ist vertreten. Und ich finde sogar sehr häufig, wenn das Augenmerk diesbezüglich mehr auf die Ballungsräume gerichtet wird.

Viel häufiger als es in Deutschland der Fall ist, möchte ich meinen. Das sieht hier viel öfter interessant, skurril, ungewohnt, einfallsreich ja zum Teil sogar äußerst futuristisch aus. Ich bin zwar kein ausgesprochener Architekturfan, aber eines meiner Lieblingsgebäude steht in Groningen. Man sieht es, wenn von Leer kommend über die NL Autobahn A7 nach Westen gefahren wird. Dieses Unikum in Ocker/Orange mit seinen Zacken und dem Firmenemblem gehört, glaube ich, der Rabobank.

Kann diesmal den kürzeren Weg außen rum nehmen. Komme am Groninger Motorbootclub vorbei und laufe von nun ab auf einem neuen Wasserweg, der jetzt Winschoter Diep heißt.

Über weite Strecken keine Augenweide, um nicht zu sagen sogar schlimmer. Industrie und die parallel verlaufende Bundesstraße prägen das Bild. Erst sind es mehrere Altmetallverwerter, dann zunehmend Werften mit ihrem Schiffbau.

Besonders in Hoogezand, welches das heutige Etappenziel sein soll. Die Abzweigung zum Passantenhaven von Hoogezand-Sappemeer finde ich dank meiner Karte und eines Schildes am Ufer, das verbeult und halb überwuchert da steht. Zuerst denke ich jedoch einen Fehler begangen zu haben.

Der Stichkanal wird schmaler und vor uns liegen 3 Ozeandampfer hinter einander an einer Werftpier vertäut. Zwischen Ufer und haushoher Dampferwand liegen ca. 4 m. Mit kleinster Geschwindigkeit tastet sich „Ti Sento" am Stahl entlang um dann tatsächlich in den Gemeindehafen zu gelangen. Er ist klein und eng.

Ich finde noch eine kurze Lücke in die wir uns rein quetschen können. Ein Sanigebäude gibt es nicht, genauso wenig Wasser oder Sprit. Nur Einkaufen kann man ganz gut in mehreren Supermärkten. Deshalb bleibt dies für mich ein Nothafen, wo es Unterschlupf gibt, mehr aber auch nicht, denn es gibt hier halt die Liegeplatzproblematik. Fast alle Touri - Plätze sind durch, augenscheinlich schon länger liegende, Einheimische belegt. Dann die sehr schmale Zufahrt. Wie gesagt nicht so ohne weiteres zu empfehlen. Es sei denn Sie haben kein Geld mehr, dann ja. Warum ??? Der Hafenmeister kommt nicht! Auch gut Geld gespart!

Fazit des Tages: Irgendwie kein übermäßig positives …

Dienstag 8.9

Nachdem der Tag gestern so schön warm war, scheint es heute so weiter zu gehen. Soll mir recht sein. Und so tuckert der kleine Honda brav weiter gen Osten.

Es schwimmt viel Müll im Wasser. Häufig fahre ich S-Kurven um ja nichts zu treffen. Folien, Holz, Styropor, Flaschen usw. kreuzen unseren Weg. Und dann passiert es doch noch! Kurz vor einer Hebebrücke gibt es einen Ruck und der Honda ist tot. Treibend kippe ich den AB hoch und hangele mich über Bord. Die Begründung für seine Arbeitsverweigerung schwimmt offen zu Tage. Eine Folie hat sich kunstvoll um den Propeller gewickelt, kann aber auf längerer Sicht dem Messer nicht wiederstehen. Wieder frei fliegt die Plastikkugel im hohen Bogen an Land. Dich Mistding will ich nie wieder sehen! Sowas hat im Wasser nix zu suchen! Hinter Zuibroek wird nach rechts abgebogen. Keine Angst, lieber Leser, Sie müssen sich an nichts Neues gewöhnen! Dasselbe in grün. Lang, breit flankiert von einer Schnellstraße mit ein wenig Natur, so geht es bis Veendam.

Dafür wird es nun wieder spannender. Eine schmale Wasserstraße führt durch die Gemeinde. Zu beiden Seiten schöne Bauten, Gärten usw. An die 30 Brücken und Schleusen reihen sich auf den nächsten 6,5 km bis Bareveld aneinander. Hat man Eine passiert, sieht man schon in 2 – 300m Entfernung die Nächste. In der Hauptsaison sind sie ein größeres Team, heute jedoch hab ich meinen persönlichen Wärter nur für mich allein. Der Kollege ist extrem freundlich und nett zu mir. Bekommt gleich zum Anfang 'ne Dose von mir geschenkt. Da es zudem auch recht warm, verdient hat er es sich für seine schweißtreibende Arbeit auch redlich. Dafür erhalte ich noch umfangreiches Infomaterial über die Wasserwege in der Provinz Groningen in NL und überhaupt. DANKE noch mal an dich, du tüchtiger Brücken- und Schleusenwart! Da ich heute nicht die gesamte Strecke machen will, sondern nur bis zum Passantenhaven „Schipperskwatier", verabreden wir uns für den nächsten Morgen um 10 h bei der nächsten Brücke für die Weiterfahrt.

Der Hafen selbst liegt sehr ruhig, ist ein wenig in die Jahre gekommen und ein Hafenmeister zeigt sich wieder nicht. Sanigebäude ist vorhanden, einfach aber i.O. Uns gegenüber liegt ein Hausboot. Wie sich herausstellt kommt das Ehepaar, das darauf ein Teil des Jahres lebt, auch aus Bremen. Auch schön so ein Schnack zwischendurch mit Bundeslandgenossen (okay genau genommen leb' ich zwar in Niedersachsen, bin im tiefsten Inneren aber Bremer geblieben).

Versorgung ist gesichert, schräg gegenüber ist ein Supermarkt. Ich hatte zwar erst größer eingekauft, sei's drum.

Das bringt mich dazu, eine Auffälligkeit anzumerken. Bei fast jeden Einkauf ist in irgendeiner Ecke einen Heißgetränkeautomaten mit Sitzgelegenheit zu entdecken, an dem sich die Menschen niederlassen konnten, um für eine Kaffeepause kurz inne zu halten. Pause vom einkaufen, quasi. Vielleicht hat der/die Kaffetrinker dann auch noch Glück und es entwickeln sich Gespräche mit anderen Päuslern. Kommunikation zwischen Tütensuppe und Brotregal! In diesem Markt ist mir außerdem noch etwas aufgefallen. In den Einkaufswagen sind kleine Blumenvasen integriert! Somit ist der gekaufte Strauß davor bewahrt zwischen Orangen, Cornflakes und Beefsteak zerdrückt zu werden. Gute Idee!

Fazit des Tages: Schöne Gemeinde, schönes Wetter, alles gut

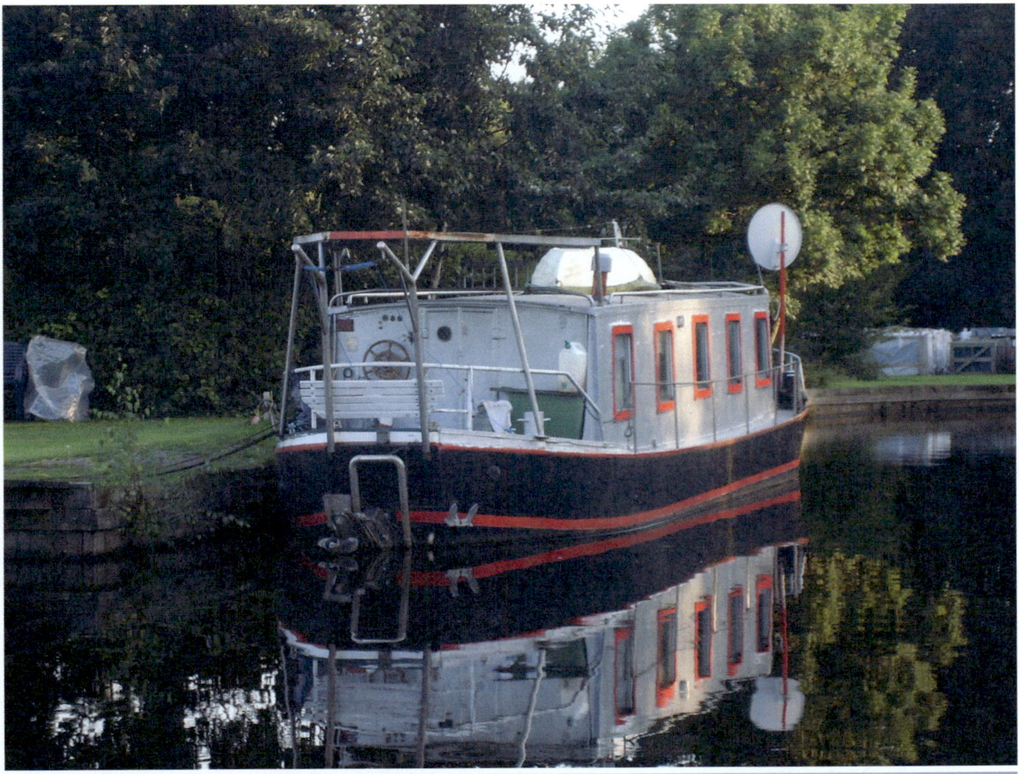

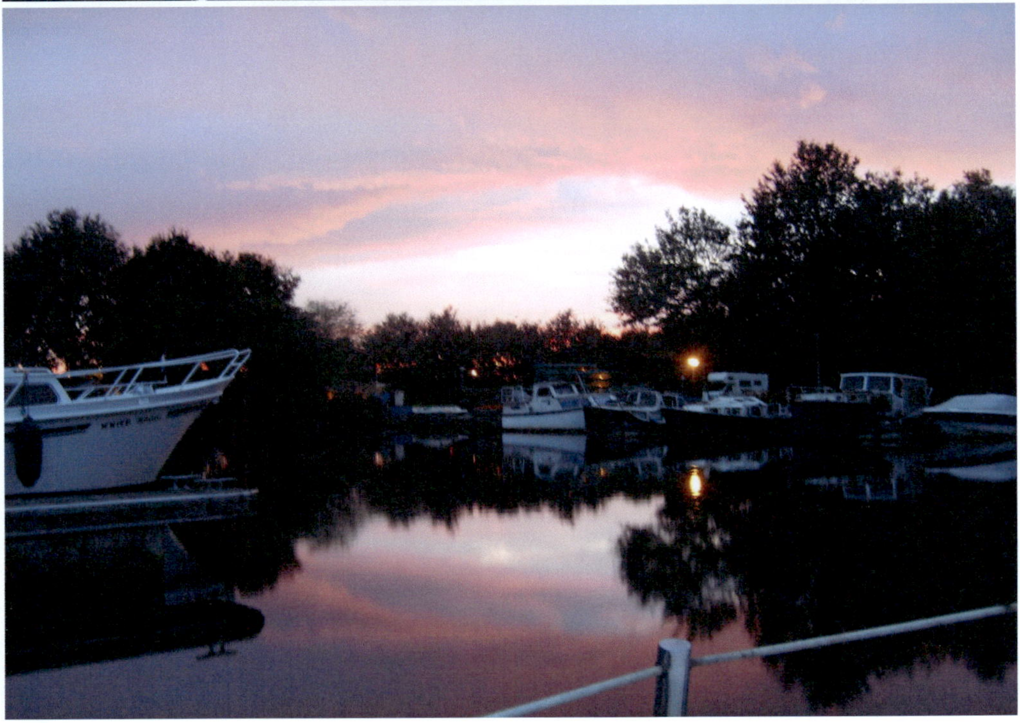

Mittwoch 9.9

Es ist 9.30 h. Einer der Brückenwärter kommt auf seinem Roller zu mir in den Hafen gefahren, um Bescheid zu sagen, dass es weiter geht. Wir hatten zwar 10 h abgemacht, bin jedoch fertig und fahre ab. Dieses Mal sind sie zu dritt. Das hat den Vorteil, nicht auf die nächste Öffnung warten zu müssen. So geht's in einem flüssigen Tempo ohne Halt weiter. Bilde heute mit einem Anderen zusammen einen Minikonvoi. Er vorn, wir dahinter. Komme mit dem Skipper in den Schleusen ins Gespräch. Er sei Deutscher und würde in Zwolle leben. Ich schaue auf das Heck seines Bootes. Dort weht die NL Flagge. Er zwinkert mit den Augen. Weil er halt in NL lebt, hat er die gesetzt. Gäbe so keine Probleme mit der WasPo. Deutsche Flaggen hätten sie auf dem Kieker, meinte er.

Diese Beobachtung kann ich absolut nicht teilen. Meine sämtliche Kontakte mit der niederländischen Polizei sind korrekt, freundlich und hilfsbereit abgelaufen. Also, da gibt's nichts! Der Zwoller legt in Staadskanal an und will über Nacht bleiben.

Für uns ist noch nicht Schluss, die restlichen Kilometer bis nach Ter Apel liegen noch vor uns. Um es gleich mal kund zu tun. Man bekommt bis dahin einen Koller, einen Brücken- und Schleusenkoller genau genommen. Mit gestern zusammengerechnet stehen am Ende ca. 10 Schleusen und 50 Brücken auf der Haben Seite. Alle paar Bauwerke wird der Skipper dann an ein neues Team übergeben. Die Einen ein wenig mürrisch, die Anderen ein wenig zu übereifrig.

Die Übereifrigen lassen in einer Schleuse die Schütze zu schnell hochfahren. Das Wasser strömt schnell und dementsprechend quirlig in die Kammer ein. Die Strömung lässt „Ti Sento" von der Wand abdriften, ich kann sie nicht mehr gerade halten. Da muss ich laut werden und fluchen, bevor der Chef die Wassermenge korrigiert.

Ter Apel liegt nur noch 2,5 km von der deutschen Grenze entfernt. Der Jachthaven ist relativ groß und relativ leer. Es ist klar ersichtlich, dass die Saison kurz vor dem Ende steht. Der sehr gute Sanitrakt ist an das Restaurant angegliedert, Duschen groß und mit Restzeitanzeige, toll, so kann es nie mehr passieren eingeseift im Trockenen zu stehen.

Toll finden vor allem die Enten die Bootsstege, was sehr schön durch ihre Hinterlassenschaften dokumentiert ist. Leichter Nieselregen zieht über und hinweg. Schönes Abendrot.

Fazit des Tages: Brücke, Brücke, Schleuse, Brücke ….

Donnerstag 10.9

Gestern habe ich vom Restaurantbetreiber eine Telefonnummer erhalten, die ich anrufen soll, damit das letzte Team weiß wann es weiter geht.

Bis zur deutschen Grenze sind es nach Karte noch 2 Brücken und 2 Schleusen. Anruf klappt, Chef wartet an der nächsten Schleuse. Unter der letzten Brücke komm' ich so durch und die letzte Schleuse, direkt dahinter, steht offen. Ich verabschiede mich von meinem Wärter.

Noch 500 m. Ich sehe ein Grenzschild „Tot ziens in den Niederlande". Wir gleiten an dem verlassenen Grenzkontrollpunkt vorüber.

Ich bin wieder in meinem Land. Der Haren-Rütenbrock Kanal wir uns nun zur Ems bringen, dort ist dann für heute Finito. Alle Schleusen und Brücken werden aus Haren ferngesteuert. Klappt ohne Probleme, in einem Rutsch durch, ohne Wartezeiten. An der letzten Schleuse in Haren an der Ems, sitzt der dafür Verantwortliche. 2 € hätte er ganz gerne für seine ferngesteuerten Dienste. Jetzt noch 500 m die Ems abwärts und ich biege in den alten Hafen ein. Am Steg des WVH steuere ich auf die Gastliegeplätze zu.

Wieder guter Sanitrakt im Klubhaus. Das Klubfahrrad nutze ich zum Benzin holen auf der anderen Seite der Ems. Danach ab in die City. Bei Comet sieht es aus wie beim Restpostenhandel. Eine Mitarbeiterin erzählt mir, dass in 2 Wochen alles vorbei sei. ALDI und Lidl in der Nachbarschaft hätten ihnen die Kundschaft abgegraben. Fluch und Segen der Discounter!

Bin heute wie gestern der einzige Gastlieger. Die Bäume verlieren massiv ihre Blätter. Irgendwie empfinde ich es noch als zu früh bei dem schönen Wetter. Aber es stimmt schon, es ist September und die ersten kalten Nächte sind da gewesen. In Ter Apel ist es soweit gewesen und auch hier wird wohl so langsam damit begonnen werden die Boote aus dem

Wasser zu ziehen und ins Winterlager zu verfrachten. Das Jahr neigt sich der dunklen Zeit zu.

Fazit des Tages: Angeblich soll in 1 - 2 Jahren eine Kanalverbindung von Ter Apel nach Coervörden reaktiviert werden. Sie soll den Weg nach Lemmer am Ijsselmeer via Meppel erheblich verkürzen.

Schön wär's, warten wir es ab. Die Verbindung nach Almelo wird wohl nie mehr was. Auf dem Ems – Vechte Kanal geht's in Nordhorn nicht mehr weiter.

Freitag 11.9

Vor der Strecke die es nun gilt in Angriff zu nehmen fürchte ich mich ein wenig! Jeden den man trifft und der mitbekommt wie die Reise weitergehen soll, jault mitleidig auf und bedauert einen zutiefst. Man hätte so zusagend das schlimmste Stück noch vor sich. Schwierig im navigatorisch- bzw. fahrtechnischen Sinne sei es nicht. Es wäre die Psyche…?

Kann es wirklich so schlimm sein auf der Ems und dem Küstenkanal Richtung Heimat zu fahren? Und wenn es so schrecklich ist, wie alle behaupten, dann könnte ich außer Deprimierenden gar nichts anderes für Sie, liebe Leser, zu Papier bringen! Ich finde dies glücklicherweise auch nicht bestätigt. Zuerst die Ems.

Von Haren kommend schlängelt sie sich durch eine stark bewaldete Landschaft gen Norden. Wenn man gerade aus NL eingereist ist, ist die Wahrnehmung eine positive, weil andere. In NL gab es so gut wie keine Gegend, wo über lange Zeit hinweg durch den Wald gefahren wurde. Der Anblick von Wiesen und Weiden mit dem lieben Vieh ist allgegenwärtig. So hatte es dort etwas von räumlicher Weite, während nun hier die Bewaldung einen Tunnelblick entstehen lassen könnte.

Obwohl so mäandert, ist gut was unterwegs an Frachtschiffen. Den Schleusen ist dann auch anhand ihrer schieren Größe eindeutig abzulesen was ihrer Hauptaufgabe und Kunden sind. Dann taucht sie auf, die ganz große Katastrophe!!!

Kursänderung nach Stb. in den Küstenkanal hinein. Die Infrastruktur auf dem KK ist für Schiffe mit einer nur begrenzten Geschwindigkeit etwas problematisch. Geeignete Übernachtungsplätze sind dünn gesät, und wer vor sich hin träumt, der läuft Gefahr an den empfehlenswerten Platz in Surwold vorbei zu rauschen.

10 km vor bzw. hinter Dörpen liegend, ist die Anlage so gut wie nicht zu sehen. Die Einfahrt verbirgt sich direkt hinter der Straßenbrücke in Surwold in einer Abzweigung. Würde am Ufer nicht ein Schild stehen, so würde ich wohl noch immer suchen. Es ist eine kleine, überschaubare Anlage. In 300 m Entfernung gibt`s an einer Tanke frische Brötchen und auf der anderen Seite des Kanals einen Discounter. Ganz heimeliges Ambiente! Zum Kassieren ist mal wieder keiner gekommen, na dann …

Fazit des Tages: 38 km gemacht und zu der Erkenntnis gelangt das Boot fahren genauso ist wie im richtigen Leben. Bist du noch nie da gewesen und wollen dir die Anderen irgendwelche Panik machen, dann erst recht selbst erfahren!!!

Samstag 12.9

Der Küstenkanal, er soll bis Oldenburg unser heutiger Wegbereiter sein. Jetzt kann ich im Schnellgang berichten.

Jenes Unverständnis von gestern würde ich wohl heute ein wenig revidieren wollen. Es ist zwar immer noch nicht so grausam, aber für diejenigen, die ihn schon zum x-ten Mal durchfahren, kann ich es mir schon vorstellen, dass er immer unattraktiver, langweiliger wird.

Hauptsächlich geradeaus verlaufend, sieht man schon lange im Voraus wo die Reise hingeht und lange hinterher wo die Reise herkommt sowie den Spuren welche das Boot im Kielwasser hinterlässt. Das Ende markiert die Schleuse Oldenburg.

Ich muss allerdings 2 Stunden warten bis die Ampel vom magischen Doppelrot auf Grün umspringt. Erklärung vom Schleusenwärter: „…man müsse die Funktionssicherheit gewährleisten …" wenn ich es recht verstanden habe!!! So richtig deuten konnte ich diese Aussage zu diesem Zeitpunkt noch nicht, es bleibt Einem aber andererseits auch nichts anderes übrig als zu warten bis es weiter gehen kann.

Wird man aber zur Hunte hinab geschleust, dann wird klar dass wohl bei Niedrigwasser der Gegendruck für Mauern und Fundamente der Schleusenkammer fehlen würde. Ich schätze mal, dass es an die 10 m runter ging.

Noch 200 m, dann recht rein und festgemacht. Langt dann auch für heute. Kaum fest, gab`s was Schönes für das Auge.

In der Einbuchtung sind 2 Oldenburger Clubs beheimatet. Der Nachbarclub hatte wohl Saisonabschlussfahrt.

So gut wie jedes Schiff fuhr, mit fröhlichen Menschen, voll beflaggt, mit Lichterketten, Lampions und Kerzen illuminiert raus und entschwand durch die Cäcilienbrücke in den Abend. Als den größten Kracher empfand ich einen Stahlverdränger, auf dessen Vordeck eine ganze Musikkapelle Platz fand.

Laut und stimmig spielend, gab es dem Ganzen den passenden Rahmen. Der Magen knurrt. Dosenfutter ade, wir gehen essen! Ein kleines Bistro ist schnell auf dem Weg in die Innenstadt gefunden. Die Pizza ist sehr gut. Liegt vielleicht auch daran, dass die Letzte mehr als 5 Wochen her sein wird. Sie schmeckt und schmeckt und …

Nun sind wir satt, mein Magen und ich. Auf dem Rückweg komme ich an einem Museum vorbei. Es ist offen, denn heute ist die lange Nacht der Museen. Diese Aktion findet regen Zuspruch.

Auch ich habe nichts anderes zu tun und so lenke ich die Schritte hinein in das Innere dieses Gebäudes. Zu sehen gibt es eine Ausstellung zum Thema Schmetterlinge, mit lebenden Exemplare, der Gilgameschepos und über das Moor. Auch nicht schlecht. Gute Werbung für Oldenburg und seine Museen. Jedoch ist dies noch nicht das Highlight des Abends!

Das kommt, im wahrsten Sinne des Wortes, jetzt! Die Abschlussfahrer laufen wieder ein. Jetzt, wo es dunkel ist, sehen die über und über beleuchtete Schiffe sehr schön aus. Ich sag noch mal DANKE im Nachhinein.

Fazit des Tages: 55 km gemacht und OL immer eine Reise wert!

Sonntag 13.9

Der letzte Tag.

Die kleine große Rundreise geht nun unweigerlich zu Ende. Gleich morgens Anruf von der Freundin. Ich könnte nicht so früh zurück in Bremen sein. Die Weser sei bis zum Nachmittag gesperrt wegen einer Ruderregatta.

Kommt mir zupass. Im Moment regnet es, da verschieben wir die Abfahrt doch ohne Probleme! Abfahrt nun 1 Std. nach Hochwasser. Hat auch seine Vorteile.

Für mich bräuchten sie die Cäcilienbrücke nicht zu heben. Auch nicht die Eisenbahnbrücke Drielake. Ich komme auch so durch, die anderen leider nicht. Sie warten auf das Zeitfenster.

Gewinne also einen gewissen Vorsprung auf dem Weg nach Elsfleth. Nach 10 km ist es soweit. Wir sind eingeholt. Die nächsten 10 km gegen Wind und Wellen anstampfen, der uns auf die Nase bläst.

Die Weser! Wende nach Steuerbord. Die letzte Etappe. Vorbei an Vegesack, Hasenbüren (Sie erinnern sich? Häschenhausen!!) und dann sind wir in Bremen.

Der Osterdeich ist voll. Ganze Heerscharen strömen grün - weiß gekleidet von dannen. Werder Bremen (von gewissen Personen auch „ … der Stolz des Nordens" genannt) hat 0:0 gegen Hannover gespielt. Schade, ein Sieg wäre besser gewesen. Letztes Warten an der Sportbootschleuse in Hemelingen.

Mein Vaddi will eigentlich da sein, um mich als Erster zu begrüßen. Irgendwie verfehlen wir uns.

Noch 3 km. Ich sehe schon die Autobahnbrücke. Letzter Schwenk nach Backbord und „Ti Sento" gleitet in die Marina Oberweser. Da steht meine Freundin um mich abzuholen. Wie schön!

Die Reise ist zu Ende. „Ti Sento" ist fest. Das Meiste der Sachen ist schnell ausgeräumt. Es geht nach Hause. Ich schaue mich um und blicke in der untergehenden Sonne auf mein Boot. DANKE „Ti Sento", DANKE Honda das ihr mich durch alle Widrigkeiten wieder heil nach Hause gebracht habt. DANKE.

Ich besteige das Auto und fahre los. Zurück bleiben meine treuen Freunde. Allein an diesem Abend, in diesem Hafen, zum ersten Mal nach meinen 4 Wochen auf diesen tollen 10 qm......

Fazit des Tages: 66 km gemacht. Home sweet home?? NÖ, könnte gleich wieder los … wie wär`s mit dem Kanalweg ans Mittelmeer oder binnen durch Finnland??

Nachwort

Der Urlaub ist vorbei, die Reise, mein kleines Abenteuer auch. Damit könnte dieses Buch zu Ende sein, jedoch soll an dieser Stelle, auf den letzten Seiten, noch Resümee gezogen werden.

Warum schrieb ich dieses Büchlein? In dem Vorwort streifte ich kurz meine Lesegewohnheiten in den Büchern mit der Thematik „Weltumsegelung". Diese Erzählungen sind zumeist spannend und lassen uns mehr von fernen Ländern, Menschen und Kulturen erfahren. Jenen Fahrensleuten, die ja auch die Schreiber jener Bücher sind, zollen wir Respekt und bewundern ihre Taten. Wir sind in ihrer traumhaften Welt gerne gefangen. Für 99% von uns Durchschnitts Bürgern mit geregelten Einkommen und Arbeitszeiten sowie maximal 3 Wochen Urlaub am Stück wird es auch immer eine Traumwelt bleiben. Ich schrieb dieses Buch um zu zeigen das es nicht nur die großen Träume gibt, sondern auch die kleineren, die machbareren. Ich wollte ein Buch schreiben das über eine Reise berichten die man zum einen, so nicht sehr häufig in den Regalen der Buchläden findet und zum andern, jenen einen Anstups geben soll, die am schwanken sind die Festmacher loszuwerfen oder nicht.

Ich kann mich ja täuschen, aber wovon kennen sie mehr Bücher bzw. haben sie gelesen? Von „um die Welt" oder von „in der Provinz"? Ja sehen sie, so ging es mir auch. Ich frage sie „Ist es nicht schade darüber so wenig zu finden"? Für manche Gebiete gibt es Standardwerke die einen nüchtern über die Infrastruktur und Gegebenheiten aufklären aber wo bleiben die Erlebnisberichte die voll aus dem Leben berichten?

Ich selber habe mit der Zeit erkannt, dass ich gar nicht so gerne Tage und Wochen nichts anderes als Wasser, Wasser und nochmal Wasser sehen möchte. Es ist sicherlich ganz schön unterwegs zu sein und um sich herum das große nichts zu haben, besonders dann wenn sich auch noch das Wetter von seiner besten Seite zeigt. Jedoch übt vielmehr eine Mischung aus begrenzter Unendlichkeit und Zivilisation einen viel größeren Reiz auf mich aus. Unterwegs zu sein im Watt zwischen den Inseln und dem Festland und danach eben durch die weiten Frieslands entspricht dieser Vorstellung schon ziemlich genau.

Ich will mit diesem Bericht allen zeigen, dass die 800km die es nun letztendlich geworden sind, von fast jedem geschafft werden können. Ich stehe hier als Beispiel dafür. Ich habe nur ein kleines Boot aber mit klarem Verstand und vernünftiger Handlungsweise ist das Watt, die Nordsee und die ganze restliche Reise ein tolles Erlebnis geworden. Eine Zeit die ich so schnell nicht vergessen werde und deren Erinnerungen lange einen festen Bestandteil in mir sein werden. Zu dem „machbaren" gehören noch einige andere Gebiete die sich der eine oder andere vielleicht antun möchte. Zu dem von mir bereisten Niederlanden und den nicht unbekannten Wasserwegen in Frankreich und Schweden, gibt es Regionen die man noch fast als Geheimtipp ansehen könnte. Dazu zähle ich die Masurischen Seen, die Wasserwege in Belgien und Nordfrankreich, das friesische Fehngebiet, der Elbe-Weser Schifffahrtsweg, sowie ganz besonders das Netz der Wasserstraßen in Großbritannien die Norfolk Broads und die Narrows. Gerade die Narrows werden schon deshalb immer interessanter mit den eigenen 4 Wänden zu befahren, da immer mehr Kanäle und Schleusen von den ursprünglich schmalen 7Ft (2,10m) auf die größeren mindestens 4m breiten umgebaut oder restauriert werden. Infos dazu findet man im Internet. Daher sage ich dass sich für manches auch eine längere Anfahrt lohnt. Es ist schon richtig, wer für sein Boot keinen Trailer hat und auf eigenen Kiel in den Norden anreisen müsste oder zusätzlich auch noch im Süden beheimatet ist, der hat noch eine Schippe mehr an Zeit drauf zu legen. Doch bin ich mir sicher, dass es eben auch dort Möglichkeiten gibt. Es wäre schön wenn von ihnen ein Reisebericht „aus der Provinz" im Handel auftauchen würde, derer es mir in den Fingern jucken würde um ihren Spuren zu folgen. Ich hatte bis dato nicht im Sinn gehabt mich weiter durch schreiben irgendwelcher Lektüre bemerkbar zu machen, aber bei dem Gedanken auch andere Reviere zu erkunden und darüber zu berichten, wird es zusehends wahrscheinlicher das dieses Machwerk dann vielleicht doch keine Eintagsfliege bleiben wird! Zum Schluss möchte ich noch einige Fakten zum Besten geben.

Ich hoffe insgeheim sie mit diesem Buch erfreut zu haben und sage für den Kauf DANKE.

Besonderen DANK verdient noch meine Freundin für alles und meinem Miteigner von „ti sento" Rainer Dörgeloh weil ich ohne ihn vielleicht noch immer auf dem Trockenen stehen würde.

Das war's von hier an Sie. Bis dann mit Grüßen aus dem halbhohen Norden Andreas „Ole" Haar

Zeitbedarf: 4 Wochen

Geldbedarf: ca. 25 € pro Tag. Darin alles enthalten wie Einkaufen, Benzin, Liegekosten, Sehenswürdigkeiten, Schnickschnack, etc.

TI SENTO: Eine 77'er Leisure 17. Kimkieler,

Länge 5,20

Breite 2,10

Tiefgang leer 0,65m beladen geschätzt 0,80 – 0,90m

Höhe mit Mast ca. 7,5m ohne unter 2m

Segelfläche ca. 15qm

Theoretische max. Rumpfgeschwindigkeit 5,5kn

Gewicht leer ca. 900kg beladen und mit mir ca. 1,1T

Kaufpreis Anfang 2009 mit Trailer und Motor 3000 €

Refitinvestition 1000 €

Anschaffung Motor ein 90'er Honda 4Takter 5PS Langschaft mit
externen Tank für 450 €

Ersatzteile 30 €

Verbrauch Marschfahrt ca. 1l/h

Versichert bei Eerdmans NL für 125 € pro Jahr (Trailer, feste Taxe,
Haftpflicht, Vollkasko, Inventar, Bergung, Selbstbeteiligung 125 €)

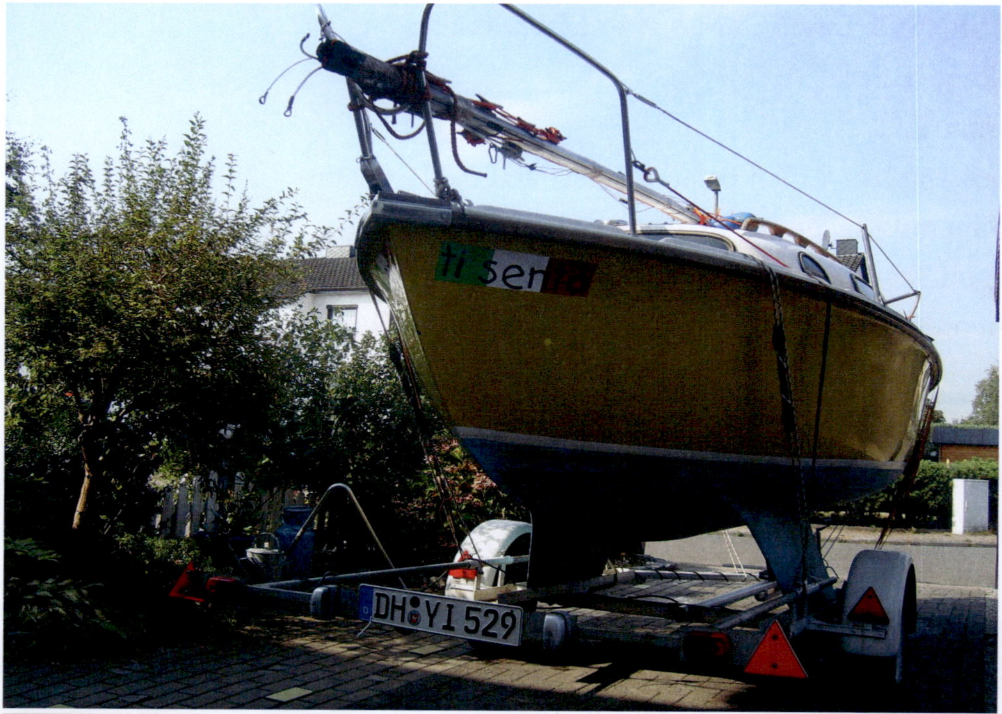
DH YI 529

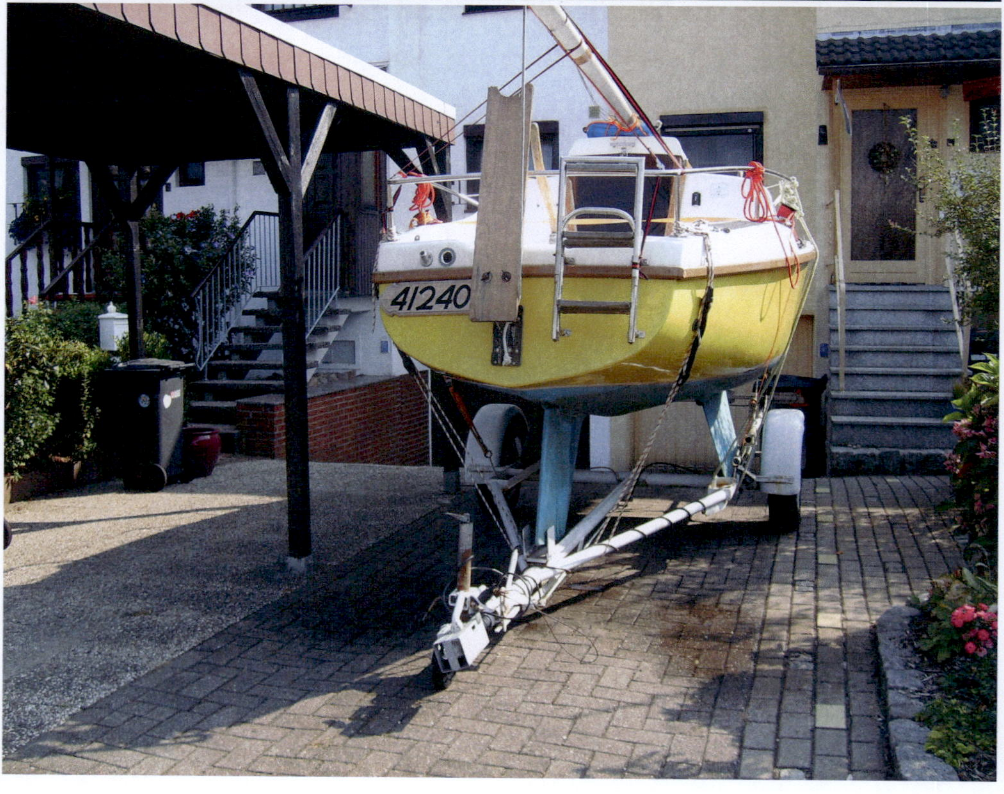
41240

Notizen:

Herstellung und Verlag:
Books on Demand GmbH, Norderstedt
ISBN: 978-3-8391-5361-1